四部要籍選刊·經部　蔣鵬翔 主編

阮刻儀禮注疏 二

〔清〕阮元 校刻

浙江大學出版社

儀禮䟽卷第八

唐朝散大夫行大學博士弘文館學士臣賈公彥等撰

鄉飲酒禮第四 䟽

鄉飲酒禮第四○鄭目録云諸侯之鄉大夫三年大比獻賢者能者於其君以禮賓之與之飲酒於五禮屬嘉禮大戴此乃第十小戴及別録此皆第四○釋曰鄭知此鄉飲酒是諸侯之鄉大夫獻賢能法者案春官小胥掌樂縣之法而云凡縣鍾磬半爲堵全爲肆注云鍾磬者編縣二八十六枚而在一虡謂之堵鍾一堵磬一堵謂之肆半之者謂諸侯之卿大夫士也諸侯之卿大夫半天子之卿大夫西縣鍾東縣磬士亦半天子之士縣磬而已今此下唯縣磬而無鍾故以爲諸侯鄉大夫也若然謂諸侯鄉大夫是大夫爲之亦應鍾磬俱有而直有磬者鄭彼注云賓鄉人之賢者從士禮也故縣磬而已若然天子鄉大夫賓賢能從士禮亦鍾磬俱有不得獨有磬也知諸侯之鄉大夫非士者案鄉射記云士則鹿中大夫則兕中又經有堂則物當楣序則物當棟則非直州射兼有諸侯鄉大夫以五物詢衆庶行射之禮則知諸侯鄉大夫是大夫爲之可知也凡鄉飲酒之禮其名有四案此賓賢能謂之鄉

飲酒一也又案鄉飲酒義云六十者坐五十者立侍是黨正飲酒亦謂之鄉飲酒二也鄉射州長春秋習射於州序先行鄉飲酒亦謂之鄉飲酒三也案鄉飲酒義又有鄉大夫士飲國中賢者用鄉飲酒四也其王制云習射尚功習鄉尚齒還是鄉飲酒黨飲酒法

儀禮　鄭氏注

鄉飲酒之禮主人就先生而謀賓介主人謂諸侯之鄉大夫也先生鄉中致仕者賓介處士賢者周禮大司徒之職以鄉三物教萬民而賓興之一曰六德知仁聖義忠和二曰六行孝友睦婣任恤三曰六藝禮樂射御書數鄉大夫以正月之吉受法于司徒退而頒之于其鄉吏使各以教其所治以考其德行察其道藝及三年大比而興賢者能者鄉老及鄉大夫帥其吏與其衆寡以禮禮賓之厥明獻賢能之書於王是禮乃三年正月而一行也諸侯之鄉大夫貢士於其君蓋如此云古者年七十而致仕老於鄉里大夫名曰父師士名曰少師而教學焉恒知鄉人之賢者是以大夫就而謀之賢者爲賓其次爲介又其次爲衆賓而與之飲酒是亦將獻之以禮禮賓之也今郡國十月行此飲酒禮以黨正每歲邦索鬼神而祭祀則以禮屬民而飲酒于序以正治謂之説然此

篇無正齒位之事焉凡鄉黨飲酒必於民聚之時欲見其化知尚賢尊長也孟子曰天下有達尊三爵也德也齒也【疏】鄉飲至賓介○釋曰自此至介亦如之論鄉大夫與先生謀賓介幷戒告之儀主人就先生而謀賓介者謂鄉大夫尊敬之先就庠學者若。先生謀此二人道藝優者爲賓稍劣者爲介○注主人至齒也○釋曰云賓介處士賢者。案玉藻云大夫素帶士練帶居士錦帶弟子縞帶鄭玄以居士在士之下弟子之上解爲道藝處士非朝廷之士此處士亦名君子即鄉射禮云欲雅所欲以告於先生君子可也鄭亦云君子有大德行不仕者以其未仕有德自處故名處士君子也云賢者義取鄉大夫之興賢能者而言也云周禮至書數並大司徒職文故彼鄭注云物猶事也興猶舉也民三事教成鄉大夫舉其賢者能者以飲酒之禮賓客之旣則獻其書於王矣知明於事仁愛人以及物聖通而先識義能斷時宜忠言以中心和不剛不柔善於父母爲孝善於兄弟爲友睦親於九族婣親於外親任信於友道恤振憂貧者禮五禮之義樂六樂之歌舞射五射之法御五御之節書六書之品數九數之計引此天子司徒者欲兼諸侯司徒亦使鄉大夫教民以三物教成亦使鄉大夫行鄉飲酒之禮尊之爲賓客與舉之也云鄉大夫已下至於王並周禮地官鄉大夫職文云正月之吉謂開之正月朔日也云受法于司徒者謂六鄉大夫皆於大司徒處受三物教民賓舉之法也云退而頒之于其鄉吏使各以教其所治者吏即州長黨正族師閭胥之等是也云以考其德行察其道藝者德行即六德六行道藝正謂民中有道藝者考察知其優者擬舉之也云及三年大比而興賢者能者大比謂三年大案比戶口之時而興舉之賢者即德行者也能者即道藝者也云鄉老謂三公二鄉公一人云及鄉大夫帥其吏者即帥其鄉吏州長已下云與其衆寡者即鄉中之人也云以禮禮賓之者以鄉飲酒之禮禮而賓舉之也云厥明獻賢能之書於王者今日行鄉飲酒之禮至其明日獻此賢能之書于王王再拜而受之登于天府也云是禮乃三年正月而一行也者欲見彼是天子鄉大夫法諸侯鄉大夫無文以此約之故云諸侯之鄉大夫貢士於其君蓋亦如此云但無正文故云蓋以疑之也云古者年七十至學焉案略說云大夫七十而致仕老於鄉里名曰父師士曰少師以教鄉人子弟於門塾之基而教之學焉是也云賢者爲賓其次爲介又其次爲衆賓而與之飲酒是亦將獻之以禮禮賓之也者謂據此經諸侯鄉大夫貢士之法亦如天子之鄉大夫貢法故云亦也若據鄉貢一人其介與衆賓不貢之矣但立介與衆賓輔賓行鄉飲酒之禮待後年還以貢之耳案

射義云古者天子之制諸侯歲獻貢士注引舊說大國三人次國二人小國一人大國三鄉次國二鄉小國一鄉所貢之士與鄉同則鄉送一人至君所其國有遂數亦同其鄉并有公邑采地皆有賢能貢之而貢士與鄉數同不言遂與公邑采地所貢者蓋當鄉送一人至君所君又總校德之大小取以貢之縱取鄉外仍準鄉數爲定鄉大夫雖行飲酒禮賓之于君其餘訖仍更行飲酒禮賓之於王是易觀盛而不薦鄭注云諸侯貢士於天子鄉大夫貢士於其君必以禮賓之唯主人觀而獻賓賓盛而酢主人設薦俎則弟子也是鄉大夫及諸侯貢士皆行飲酒禮禮賓也云今郡國至之說然者鄭欲解此鄉飲酒貢士法彼漢時所行飲酒禮者是正齒位與此不同之意漢時已罷諸侯之國而爲郡郡有大守而封王子母弟者仍爲國故云郡國也云十月行此飲酒禮者謂行此鄉飲酒禮也云以黨正每歲邦索鬼神而祭祀者則禮記郊特牲云蜡者索也歲十二月合聚萬物而索饗之周謂之十二月即夏之十月農功畢而蜡祭也云則以禮屬民而飲酒于序以正齒位者屬聚也謂當蜡祭之月黨正聚民於序學中以三時務農將闕於禮此時農隙故行正齒位之禮則禮記鄉飲酒義云六十者坐五十者立侍六十者三豆七十者四豆八十者五豆九十者六豆年長者在上是正齒位之

法也云之說然者漢時十月飲酒禮取此黨正之文而然與此篇鄉飲酒禮異也云此篇無正齒位焉者以其此篇以德行爲本而貢之無黨正正齒位法也云凡鄉黨飲酒必於民聚之時者此鄉飲酒必於三年大比民聚之時黨正鄉飲酒亦於大蜡民聚之時也云皆欲其見化知尚賢尊長也者尚賢據此篇鄉飲酒尊長據黨正鄉飲酒也但黨正飲酒以鄉大夫臨觀行禮或鄉大夫居此黨内則亦名鄉飲酒也云孟子者孟子公孫丑篇齊王召孟子不肯朝後不得已而朝之宿於大夫景丑。之家景子譏之曰禮云父召無諾君。召不俟駕而行固將朝矣聞君命而遂不果宜與夫禮若不相似然對曰天下有達尊三爵。也德也齒也朝廷莫如爵鄉黨莫如齒輔世長民莫如德惡有。得其一以慢其二哉是也引之者證鄉大夫飲酒是尚德也黨正飲酒尊長尚齒也爵則於此無所當連引之耳

主人戒賓賓拜辱主人荅拜乃請賓賓禮辭許主人再拜賓荅拜

戒警也告也拜辱出拜其自屈辱至己門也請告以其所爲來之事不固辭者素所有志

疏主人至荅拜○注戒警至有志○釋曰云拜辱出拜其自屈辱至己門也者卯賓出門者見冠禮主人宿賓賓出門左鄉射戒

賓亦出門故知此亦出門云所爲來之事者謂行鄉飲酒之禮也云不固辭者素所有志者不如士相見固辭此禮辭即許者以其主人與先生謀時賓已知欲貢己又賓以學習德業擬爲賓主情意相許是以不固辭爲素有志也案冠禮主人先拜賓荅拜此賓先拜主人荅拜者彼冠禮主人戒同寮同寮尊又使之加冠於子尊重之故主人先拜此則鄉大夫尊矣賓是鄉人卑矣又將貢己宜尊敬主人故賓先拜辱也是以下注云去又拜辱者以送謝之也

主人退賓拜辱退猶去也去又拜辱者以送謝之**介亦如之**如戒賓也

疏 介亦如之〇注如戒賓也〇釋曰言如戒賓者亦如上主人戒賓已下賓拜辱已上之事謀賓介及戒亦言賓介意不言衆賓衆賓德劣但謀介時雖不言衆賓亦當謀之故上注兼言其次爲衆賓賓至於戒速之日必當遣人戒速使知但畧而不言故下云賓及衆賓皆從之是也鄉飲酒義云主人親速賓及介而衆賓自從之亦據不得主人戒速而爲自從也

乃席賓主人介席敷席也夙興往戒歸而敷席賓席牖前南面主人席阼階上西面介席西階上東面

疏 乃席賓主人介〇注席敷至東面〇釋曰知夙興往戒歸而敷席不別日者下記云鄉朝服而謀賓介皆

使能而不宿戒是同日也鄭知賓介與主人席位如此者案鄉飲酒義云主人者尊賓故坐賓於西北而坐介於西南以輔賓賓者接人以義者也故坐於西北主人者接人以仁以德厚者也故坐於東南而坐僎於東北以輔主人也又云賓必南面介必東鄉介賓主也鄉射云乃席賓南面席主人于阼階上西面以此故知賓主及介其位然也

眾賓之席皆不屬焉

席眾賓於賓席之西不屬者不相續也皆獨坐明其德各特

疏 眾賓至屬焉○注席眾至各特○釋曰鄭知眾賓席在賓席之西者見鄉射云席賓南面東上眾賓之席繼而西此眾賓之席亦當然但此不屬爲異耳云皆獨坐明其德各特者鄉射注云言繼者甫欲習眾庶未有所殊別此乃特貢於君故眾賓之席皆不屬焉明三物已久其德各特故不屬續其席雖不屬猶統賓爲位同南面也

尊兩壺于房戶閒斯禁有玄酒在西設篚于禁南東肆加一勺于兩壺

斯禁禁切地無足者玄酒在西上也肆陳也

疏 尊兩至兩壺○注斯禁至陳也○釋曰凡設尊之法但醴尊見其質皆在房內故士冠禮禮子婚禮禮婦醴皆在房隱處若然聘禮禮賓尊於

東廂不在房者見尊欲與卑者爲禮相變之法設酒之尊皆於顯處見其文是以此及醮子與鄉射特牲少牢有司徹皆在房戶之間是也燕禮大射尊在東楹之西者君尊專大惠也云設篚于禁南東肆者言東肆以頭首爲記從西向東爲肆則大頭在西也云斯禁禁切地無足者斯澌也澌盡之名故知切地無足昏禮冠禮皆云禁者士禮以禁戒爲名鄉大夫士並有禁名故鄭以大夫士雙言也是以玉藻云大夫側尊用棜士側尊用禁注云棜斯禁也大夫士禮之異也禮器云大夫士棜禁注云棜斯禁也謂之棜者無足有似於棜或因名云耳大夫用斯禁士用棜禁然則禁是定名言棜者是其義稱故禮器大夫士總名爲棜禁案特牲禮云實獸於棜注云棜之制如今大木轝矣則棜是轝非承尊之物以禁與斯禁無足似轝故世人名爲棜若然周公制禮少牢名爲棜則以周公爲世人或有本無世人字者是以少牢不名斯禁謂之爲棜取不爲酒戒特牲云壺禁在東序記云壺棜禁饌于東序注云禁言棜者祭尚厭飫得與大夫同器不爲神戒也其實不用云棜禁不敢與大夫同名斯禁作記解注故云士用棜禁明與少牢棜同也若然士之棜禁大夫之斯禁名雖異其形同是以禮器同名棜禁也其餘士冠昏禮禮賓用醴不飲故無禁不爲酒戒若天子諸侯承尊之物謂之豐上

有丹是尊與卑異號也

設洗于阼階東南，南北以堂深，東西當東榮，水在洗東，篚在洗西，南肆。榮屋翼。

疏設洗至南肆○注榮屋翼○釋曰：云南北以堂深者，堂深謂從堂廉北至房室之壁，堂下洗北去堂遠近深淺取於堂上深淺，假令堂深二丈，洗亦去堂二丈，以此爲度。云榮屋翼者，榮在屋棟兩頭，與屋爲翼，若鳥之有翼，故斯干詩美宣王之室云如鳥斯革，如翬斯飛，與屋爲榮，故云榮也。

羹定。肉謂之羹。定猶孰也。

疏羹定○注肉謂至孰也○釋曰：云肉謂之羹者，爾雅文。言肉正謂其狗孰。云定者，孰即定止，然故以定言之。言此者，以與速賓時節爲限，不敢煩勞賓，故限之也。

主人速賓，賓拜辱，主人荅拜，還，賓拜辱。速，召也。還猶退也。

疏主人至拜辱○釋曰：自此至皆從之，論主人往賓門召之使來之事。案鄉射云主人朝服乃速賓，賓朝服出迎，再拜。彼云乃速賓，此不云主人乃者，彼戒速別服，故云乃以開之；此戒速雖與彼同，但此戒速同服，故不云乃。云主荅拜還賓拜辱，案聘禮云賓入境至近郊，使下大夫至賓館，下大夫遂以賓入，賓送不拜。又公食大夫禮使大

夫戒賓大夫還賓不拜送遂從之鄭注云不拜送者爲從之不終事皆不拜送此獨拜送者亦是鄉大夫尊賓畢又擬貢故特拜辱而送之異於餘者

介亦如之如速賓也**賓及衆賓皆從之**從猶隨也言及衆賓介亦在其中矣【疏】賓及至從之○注從猶至中矣○釋曰鄭云言及衆賓介亦在其中矣者上文戒及速皆言賓與介不言衆賓及從主人來即言賓及衆賓衆賓不戒不速尚從主人則介在從主人可知也

主人一相迎于門外再拜賓賓荅拜拜介介荅拜相主人之吏擯贊傳命者【疏】主人至荅拜○注相主至命者○釋曰自此至荅再拜論主人迎賓入外堂并拜至之事云主人一相迎于門外者謂主人於羣吏中立一相使傳賓主之命主人乃自出迎賓於大門外必非一相迎賓者案鄉飲酒義云主人拜迎賓于庠門之外明主人自迎若然士主人輒詔一相者欲見使一相傳命乃迎故云相主人之吏擯贊傳命者也若然士相見注異日則拜迎同日不拜迎者彼以摯相見法此自以賓舉賢能故與彼異也

揖衆賓差益卑也拜介揖衆賓皆西南面【疏】揖衆賓○注差益至南面○釋曰云差益

卑者以上文主人迎賓而拜介是介差卑於賓今於衆賓不拜直揖之而已故云差益卑也知拜介揖衆賓皆西南面者以其賓介衆賓立位在門外位以北爲上主人與賓正東西相當則介與衆賓差在南東面明知主人正西面拜賓則側身向西南拜介揖衆賓矣

主人揖先入

揖揖賓也先入門而西面

【疏】主人揖先入○注揖至西面○釋曰此鄉大夫行鄉飲酒在庠學雖有一門即向階門內既有三揖故主人導賓揖而先入門至內霤西向待賓也

賓厭介入門左介厭衆賓入衆賓皆入門左北上

皆入門西東面賓之屬相厭變於主人也推手曰揖引手曰厭今文皆作揖又曰衆賓皆入左無門

【疏】賓厭至北上○注皆入至無門○釋曰主人入後賓乃厭介介厭衆賓相隨入門皆東面北上定位賓既北上主人西面相向揖訖乃相背各向堂塗介與衆賓亦隨賓至西階下也云賓之屬相厭變於主人也者以賓與介衆賓等自用引手而入故不揖是變於主人也云推手。揖引手曰厭者厭字或作撎字者古字義亦通也云推手。揖者案周禮司儀云土揖庶姓時揖異姓天揖同姓鄭以推手小下之爲土揖平推手爲時揖推手小舉之爲天揖皆以推手爲揖又案僖二年公羊傳荀息進曰虞郭見與獻公揖而進之何休云以手通指曰揖與此別者推手解其厭狀通指道其揖意也鄭則解揖體何氏釋其揖意相兼乃足也云引手曰厭者以手向身引之云今文皆作揖者鄭不從也云又曰衆賓皆入門左無門亦不從也

主人與賓三揖至于階三讓主人升賓升主人阼階上當楣北面再拜賓西階上當楣北面荅拜

三揖者將進揖當陳揖當碑揖楣前梁也復拜拜賓至此堂尊之

【疏】主人至荅拜○注三揖至尊之○釋曰云三讓主人升者主人先升賓後升故鄉射云主人升一等賓升是也云三揖者將進揖當陳揖當碑揖者爾雅陳堂塗也云楣前梁也者對後梁爲室戶上云復拜賓至此堂尊之者案公食禮云公升二等賓升公當楣北鄉至再拜燕禮大射皆云主人升自西階賓右至再拜鄉飲酒義亦云拜至拜洗皆不云至者畧之是知此升堂拜亦是拜至可知凡拜至者皆是尊之也

主人坐取爵于篚降洗

將獻賓也

【疏】主人至降洗○注將獻賓也○釋曰自此至主人阼階上荅拜論主人盥洗獻

賓之節也云主人坐取爵于篚者篚在堂上尊南故取之乃降也賓降從主人也主人坐奠爵于階前辭重以己事煩賓也事同曰讓事異曰辭疏注重以至曰辭○釋曰主人獻賓乃是主人事故云重以己事煩賓也云事同曰讓事異曰辭者事同謂若上文主人與賓俱升階而云三讓是也事異若此文主人有事賓無事是事異則曰辭此對文爲義若散文則通是以周禮司儀云主君郊勞交擯三辭車逆拜辱三揖三辭拜受注云三辭重者先辭辭其以禮來於外後辭辭升堂事同而云辭是其通也賓對對荅也賓主之辭未聞疏注賓主之辭辭未聞○釋曰其辭未聞者謂若冠禮醮辭之等雖行事辭不見於後以次見辭此則無見辭之事故云未聞也主人坐取爵興適洗南面坐奠爵于篚下盥洗已盥乃洗爵致絜敬也今文無奠疏主人至盥洗○注已盥至無奠○釋曰案鄉飲酒義云主人盥洗揚觶所以致絜也拜至拜洗拜受拜送所以致敬也此經先言盥後言洗則盥手乃洗爵者所以致絜鄭取鄉飲酒義爲言也若然盥手洗爵止是致絜拜受之等乃是致敬并言敬者鄭注兼拜至拜拜受而言耳

賓進東北面辭洗必進東行示情【疏】賓進東北面辭洗。釋曰案下經云賓復位當西序東面注云言復位者明始降時位在此者案鄉射賓進東北面辭洗彼注云必進者方辭洗宜違其位也言東北面則位南於洗矣是其賓初降立至于序南東鄉至於主人洗爵乃東行故此得北面辭洗也云示情者賓進前就主人示謙下主人之情也

主人坐奠爵于篚興對賓復位當西序東面言復位者明始降時位在此【疏】主人至東面。注言復至在此○釋曰上經奠爵于階前者主人未洗見賓降即奠爵故在階前奠爵此即至洗將洗爵見賓辭故奠爵於篚與對故不同也云言復位者明始降時位在此者上始降時直云賓降不言處所於此見之是舉下以明上之義也

主人坐取爵沃洗者西北面沃洗者主人之羣吏【疏】主人至北面。注沃洗至羣吏○釋曰知主人羣吏者下記云主人之贊者西面北上不與注云贊佐也謂主人之屬佐助主人之禮事徹冪沃盥設薦俎是也

卒洗主人壹揖壹讓升俱升古文一作壹【疏】卒洗至讓升○注俱

升○釋曰知俱升者鄉射云主人卒洗一揖一讓以賓升明俱升可知若然上文主人先升賓乃升者以初至之時賓客之道進宜難故主人升導之至此以辭讓訖故畧威儀而俱升也

賓拜洗主人坐奠爵遂拜降盥復盥爲手坋汙疏賓拜至降盥○注復盥爲手坋汙○釋曰言奠爵遂拜者因事曰遂是以燕禮云賓受酬坐祭酒遂奠于薦東注云遂者因坐而奠不北面是其類也凡賓主行事相報皆言荅此不言荅省文也

賓降主人辭賓對復位當西序卒盥揖讓升賓西階上疑立疑讀爲疑然從於趙盾之疑疑正立自定之貌疏賓降至疑立○注疑讀至之貌○釋曰言揖讓升不言一揖一讓從上可知云疑讀爲疑然從於趙盾之疑疑正立自定之貌者案宣公六年公羊傳云晉靈公欲殺趙盾於是伏甲于宮中召趙盾而食之趙盾之車右祁彌明者國之力士也仡然從乎趙盾而入放乎堂下而立何休云仡然壯勇貌鄭氏以仡然從乎趙盾而入放乎堂下而立不取何休注義以鄉射注云疑止也有矜莊之色自定其義不殊字義與何少異也

主人坐取爵實之賓

之席前西北面獻賓獻進也進酒於賓疏主人至獻賓○注獻進至於賓○釋曰云西北面者賓在西階北面將就席受故西北面向其席故也賓西階上拜主人少退少退少辟賓進受爵以復位主人阼階上拜送爵賓少退復位復西階上位疏賓進至少退○釋曰云賓進者以賓西階上疑立今見主人西北面獻於己席前故賓進將於席前受之故也案鄉射云賓進受爵於席前復位此不言席前文不具也薦脯醢薦進也進之者主人有司疏薦脯醢○注薦進至有司○釋曰知非主人自薦者案昏禮禮賓贊者薦脯醢周禮膳宰薦脯醢皆非主人故知此亦非主人是有司也賓升席自西方升由下也升必中席疏賓升席自西方○注升由至中席○釋曰案曲禮云席南鄉北鄉以西方爲上今升席自西方云升由下者以賓統於主人以東方爲上故以西方爲升由下也乃設折俎牲體枝解節折在俎疏乃設折俎○注牲體至在俎○釋曰凡解牲體之法有全蒸其豚解爲二十一體體解即此折俎是也是以下

有賓俎脊脅肩介俎脊脅肫胳是體解也主人阼階東疑立賓坐左執爵祭脯醢坐坐於席祭脯醢者以右手疏主人至脯醢○注坐坐至右手○釋曰知賓坐坐於席上者上文賓升席下文降席故知此坐在席可知云祭脯醢者以右手者此經左執爵明祭用右手是以鄉射亦云右祭脯醢○奠爵于薦西興右手取肺卻左手執本坐弗繚右絕末以祭尚左手嚌之興加于俎興起也肺離之本端厚大者繚猶紾也大夫以上威儀多紾絕之尚左手者明垂紾之乃絕其末嚌嘗也疏奠爵至于俎○注興起至嘗也○釋曰奠爵於薦右者爲取肺奠之將舉故奠於右禮記少儀云取俎進俎不坐是以取時奠爵興至加于俎又興也云肺離之本端厚大者此是舉肺刲者於下記文本謂根本肺之大端故云厚大云繚猶紾也者弗繚即弗紾一也云大夫以上威儀多者此鄉飲酒大夫禮故云繚祭鄉射士禮云絕祭但云繚必兼絕言絕不得兼繚是以此經云繚兼言絕也言大夫以上則天子諸侯亦繚絕兼有但禮篇亡無以可知也案周禮大祝云辨九祭七曰絕

祭八曰繚祭注云本同禮多者繚之禮畧者絶則祭之亦據此與鄉射而言也大夫已上爲繚祭燕禮大射雖諸侯禮以賓皆大夫爲之臣在君前故不爲繚祭皆爲絶祭也云嚌嘗也者嚌至齒則嘗之也

坐挩手遂祭酒 挩拭也古文挩作說。

（疏）坐挩手遂祭酒○注挩拭至作說○釋曰案內則事佩之中有帨則賓客自有帨巾以拭手也坐挩手因事曰遂因坐祭酒故云遂也案鄉射坐挩手執爵遂祭此不言執爵省文也

興席末坐啐酒 啐亦嘗也

（疏）興席末坐啐酒○注啐亦嘗也○釋曰言席末謂於席之尾故云末鄉飲酒義云祭薦祭酒敬禮也嚌肺嘗禮也啐酒成禮也於席末言是席之正非專爲飲食也此所以貴禮而賤財也注云祭薦祭酒嚌肺於席中唯啐酒於席末是也啐酒於席末者酒是財賤財之義也云啐亦嘗者亦前肺云嚌是至齒爲嘗此酒云啐謂入口爲嘗雖至齒入口不同皆是嘗也又肺於前用之不得言成禮酒後乃用故云成禮異於肺也

降席坐奠爵拜告旨執爵興主人阼階上荅拜 降席席西也告旨言美也

（疏）降席至荅拜○注降席至美也○釋曰賓拜告旨主人拜崇酒其節同義即異矣賓言旨

甘主人之位啐則拜之主人云崇者崇充也謝賓以酒惡相充實飲訖乃崇酒先後亦同也賓西階上北面坐卒爵興坐奠爵遂拜執爵興主人阼階上荅拜卒盡也於此盡酒者明此席非專爲飲食起疏賓西至荅拜○注卒盡至食起○釋曰言遂拜者亦因奠爵不起因拜也云於此盡酒者明此席非專爲飲食起者但此席爲賓賢能起故謂在席盡爵於此西階上卒之也云不專爲飲食者啐酒於席末兼爲飲食之事故以不專言之也

儀禮疏卷第八

大清嘉慶二十年用文選樓藏本栞

南昌盧宣旬校定

江西督糧道王賡言廣豐縣知縣阿應鱗栞

儀禮注疏卷八挍勘記

阮元撰盧宣旬摘錄

鄉飲酒禮第四

獻賢者能者於其君　按獻上釋文有將字

故以爲諸侯鄉大夫也　閩本要義同毛本鄉作卿非也

謂諸侯鄉大夫　閩本鄉仍作卿

鄭彼注云　云當從要義作方

又有卿大夫士飲國中賢者　通解要義楊氏卿俱作鄉非通解鄉下衍士字

還是鄉飲酒黨飲酒法　要義同毛本作還是州長黨正飲酒法

鄉飲酒之禮

賓介處士賢者　者下通典有也字按通典引諸經傳注往往增入也字就此篇論之如明其德各特

也拜賓至此堂尊之也進酒於賓也復西階上位也坐於席也以右手也酬之言周也賓謙不敢居堂上也不嚌啐下賓也就賓南授之也下賓也長其老者也賤者禮簡也謂歌與衆聲俱作也示絜敬也以察衆也又以序相酬也此類甚多豈古本俱有也字而今本盡删之歟凡類書徵引羣籍有删無增此或原本如是今不能一一細按聊誌其概於此

孝友睦姻任恤 徐本同毛本姻作婣

受法於司徒 徐葛通解同毛本法作灋按法灋今本錯出

先就庠學者若先生 盧文弨改若作告云賓介皆庠中之學士

云賓介處士賢者 按者字當重

數九數之計 九閩本誤作品毛本計下有也字

教成亦使鄉大夫 毛本亦作之

二鄉公一人毛本鄉作卿

而教之學焉毛本同要義學作孝

賓之于君其簡訖通解要義同毛本君其作其君

是易觀盟而不薦盧文弨云是字疑衍或當作案○按是下當有以字䟽每省之

唯主人觀而獻賓盧文弨改觀爲盥

宿於大夫景丑之家要義同毛本丑下有氏字○按此節䟽引孟子多以意增改非有誤字也

景子譏之曰子要義作丑

君召要義同毛本君下有命字

爵也德也齒也要義同毛本三也字俱作一

惡有得其一　要義毛本有得作得有

尊長尚齒也　要義同毛本尊長作是字

主人戒賓

主人戒同寮同寮尊　同寮閩本不重

介亦如之

意不言衆賓　要義同毛本意作竟○按意字屬上句亦言賓介意者謂拜辱禮辭也

尊兩壺于房戶閒○加二勺于兩壺　壺徐本監本俱誤作壼後凡誤尊言壺皆壺字之誤不悉挍

如今大木輿矣　輿特牲注作轝

設洗于阼階東南

北至房室之壁 通解楊氏同毛本室作屋

假令堂深二丈 閩本通解楊氏同毛本二作三監本此句作三下句作二

介亦如之

如速賓也 速賓徐本集釋俱作賓速

主人揖先入

揖賓也 揖下要義有衆字

賓厭介

皆東面北上定位 定閩本作賓

云推手揖引手曰厭者 毛本揖上有曰字要義此句有曰字下推手曰揖句無曰字○按注當有曰字

古字義亦通也　亦通要義作通用

主人與賓三揖

當陳揖　張氏曰監巾箱杭本陳皆作楣自嚴本以後始正作陳疏引爾雅陳堂塗也從嚴本○按通典作塗塗即堂塗也雖不如陳字之古其義則同

賓進東北面辭洗

案下經云　浦鏜云自此至位在此者二十六字係上文賓降二字下朱子自按今誤入疏内當正之○按賈氏朱子各引下經以釋本節此二十六字此本已有非從通解誤入

主人坐奠爵于篚

此即至洗　浦鏜云既誤即

主人坐取爵

徹鼏沃盥 通解要義同毛本鼏作鼎○按作鼏與下記合

卒洗

古文一作壹 壹一徐本毛本互易集釋通解要義俱與毛本同張氏曰按經云壹揖壹讓升壹字當在上從經○按張氏云從經云非有別本可據也通解似即依張氏而毛本又依通解耳

賓降

讀爲疑然從於趙盾之疑 兩疑字徐本集釋通解俱作疑毛本俱作仡閩葛俱上作仡下作疑臧琳曰公羊注仡然勇壯貌鄭所據公羊作疑然乃立定之貌不取勇壯義嶽嚴顏之異注疏本改同何本誤也

疑正立自定之貌 徐葛閩本集釋通考楊氏同與疏合張氏云注曰疑正立自定之貌獨毛本正作然監本正作止鄉射注曰疑止也諸本皆同○按士昏禮注曰疑正立自定之貌公食大夫注曰疑正立也傳寫

者誤以二正爲止並從士昏及公食大夫禮

云疑讀爲疑然從於趙盾之疑 要義同毛本下兩疑字俱作仡

賓西階上拜

少辟 少釋文作小辟毛本作避釋文徐葛閩本通解敖氏俱作辟張氏曰鄉射經曰主人少退注曰少退猶少辟也經又曰賓少退注曰少逡遁也按釋文少辟少逡遁皆作小蓋鄭氏以小釋少改作小從釋文○按避張本亦作辟至監本始作避而毛本因之陸氏云辟婢亦反一音避然則辟字原有兩音其音婢亦反者即辟易之辟也今竟改作避又仍依通解音曰辟音避眘亂之甚

賓升席自西方

升由下也 由下通典作猶上

乃設折俎

節折在俎徐葛閩本集釋通解要義楊氏同毛本在作右

注牲體至在俎毛本在誤作右

奠爵于薦西○弗繚惠棟云依疏說則弗字衍○按疏云弗繚卽弗紾一也用弗字非衍文大祝注引此經亦有弗字但此注及疏俱未明弗字之義

此是舉肺封者於下記文本謂根本於下記文四字毛本脫通解亦無

卽弗紾三字閩本脫

入曰繚祭注云通解毛本云下有繚祭以手從肺本循之至于末乃絕以祭絕祭不循其本直絕以祭二十六字此本無

坐挩手

古文挩作說按釋文云坐挩始銳反拭也注帨同今注中無帨字疑說字本作帨故賈疏以內則之帨

釋之浦鏜改說爲帨似有理後凡言古文挩作說放此

有挩　挩通解要義俱作帨下挩巾同○段玉裁云據此知經文挩手字本作帨後人改巾從才耳

降席

主人拜崇酒　毛本人作入盧文弨改入爲人

崇充也　充閩本要義俱作充下同毛本充作克監本此句作克下句作充○按充是也

賓西階上北面坐

非專爲飲食起　食徐本集釋通解楊氏俱作食與跪合毛本食作酒

故謂在席盡爵　毛本謂下有不字通解無謂字

云不專爲飲食者　毛本食下有起字

儀禮注疏卷八挍勘記終

奉新余成教挍

儀禮疏卷第九

唐朝散大夫行大學博士弘文館學士臣賈公彥等撰

賓降洗將酢主人疏賓降洗○注將酢主人○釋曰自此巳下至西階上荅拜論賓酢主人之事云將酢主人者案爾雅云酢報也前得主人之獻今將酬以報之故降洗而致絜敬故云將酢主人也主人降亦從賓也降立阼階東西面疏主人降○注降立至西面○釋曰知面位如此者案下云主人復阼階東西面故如此當於阼階東西面也賓坐奠爵興辭西階前也疏賓坐奠爵興辭○注西階前也○釋曰鄉知西階前者鄉射云賓西階前東面坐奠爵興辭降此亦然故也主人對賓坐取爵適洗南北面主人阼階東南面辭洗賓坐奠爵于篚興對主人復阼階東西面賓東北面盥坐取爵卒洗揖讓如初升主人拜洗

賓荅拜興降盥如主人禮賓實爵主人之席前東南面酢主人主人阼階上拜賓少退主人進受爵復位賓西階上拜送爵薦脯醢主人升席自北方設折俎祭如賓禮祭者祭薦俎及酒亦嚌啐

疏主人至賓禮○注祭者至嚌啐○釋曰此賓坐取爵適洗南盥坐取爵卒洗以此言之則賓未盥主人辭洗案鄉射禮盥訖將洗主人乃辭洗洗後不同者彼與鄉人習禮輕故盥訖乃辭洗此鄉人將賓舉之故未盥先辭洗重之故也若然鄉射禮內兼有鄉大夫即尊與州長同於盥後辭洗者以其盥後辭洗是禮之常故也但鄉射賓坐取爵適洗坐奠爵于篚下主人辭洗之時賓方奠爵于篚下此不奠爵篚下便言奠爵于篚者鄉射云賓坐取爵洗之時未得主人之命故得奠於篚下得主人之命乃奠于篚此則賓取爵適洗未奠之時主人即辭故尊于篚也云揖讓如初升者謂前主人卒洗一揖一讓升也云降盥如主人禮者謂如主人降盥禮則此賓降主人亦降賓辭降主人對一與主人降辭已下

同也云祭如賓禮者如上賓祭時坐左執爵右祭脯醢奠爵于薦西興右手取肺卻左手執本坐弗繚右絶末以祭尚左手嚌之興加于俎坐挩手遂祭酒興席末坐啐酒故云祭如賓禮云祭者祭薦俎及酒者薦謂脯醢俎即離肺也云亦嚌啐者直云祭如賓禮嫌祭不嚌啐故鄭明之云亦嚌肺啐酒是以下文云不告旨明亦啐也

不告旨酒己物也

自席前適阼階上北面坐卒爵興坐奠爵遂拜執爵興賓西階上荅拜自席前者啐酒席末因從北方降由便也

疏自席至荅拜○注自席至便也○釋曰案曲禮云席東鄉西鄉以南方為上南鄉北鄉以西方為上凡升席必由下降由上今主人當降自南方以啐酒於席末遂因從席北頭降又從北向南北面拜是由便也若降由上之正亦是便故下云主人作相降席自南方不由北方亦由便也

主人坐奠爵于序端阼階上北面再拜崇酒賓西階上荅拜東西牆謂之序崇充也言酒惡相充實

疏主人坐奠爵于序端○注東西至充實○釋曰奠爵于序端者擬後酬賓訖取此爵以獻

介也云東西牆謂之序者爾雅釋宮文但彼云東西廂廂即牆故變言之也主人坐取觶于篚降洗賓降主人辭降賓不辭洗立當西序東面不辭洗者以其將自飲疏主人至東面○釋曰自此至復位論主人酬賓之事○注不辭至自飲○釋曰酬酒先飲乃酬賓故云將自飲若然既自飲而盥洗者禮法宜絜故也若然經云賓降主人辭應奠爵不言者理在可知故爲文畧也卒洗揖讓升賓西階上疑立主人實觶酬賓阼階上北面坐奠觶遂拜執觶興賓西階上荅拜酬勸酒也酬之言周忠信爲周疏卒洗至荅拜○注酬勸至爲周○釋曰云賓西階上疑立者待主人自飲故也云酬之言周○者此解主人將酬賓先自飲之意以其酬賓若不自先飲主人○不忠信恐賓不飲示忠信之道故先自飲乃飲賓爲酬也忠信爲周國語文坐祭遂飲卒觶興坐奠觶遂拜執觶興賓西階上荅拜主

人降洗賓降辭如獻禮升不拜洗不拜洗殺於獻疏坐祭至拜洗。注不拜洗殺於獻。釋曰云坐祭遂飲者間坐祭即飲飲卒觶因事曰遂故曰遂云辭如獻禮者主人辭賓降主人爲已洗與此與獻賓時同故云辭如獻禮禮殺升堂不拜洗與獻時異故別言之使不蒙如也禮殺於獻者獻時拜洗禮初不殺故也賓西階上立主人實觶賓之席前北面賓西階上拜主人少退卒拜進坐奠觶于薦西賓已拜主人奠其觶疏賓西至薦西。注賓已至其觶。釋曰賓已拜主人奠其觶者非久停下文賓取之奠于薦東是也賓辭坐取觶復位主人阼階上拜送賓北面坐奠觶于薦東復位酬酒不舉君子不盡人之歡不竭人之忠以全交也疏賓辭至復位。注酬酒至交也。釋曰賓辭不解所辭之事案鄉射二人舉觶于賓與大夫進坐奠于薦右賓與大夫辭坐受觶以興注云辭辭其坐奠觶以彼云賓與大夫辭即云坐受觶以興若自手受之以舉觶是禮已故賓與與大夫可以當亢荅之禮得云辭其親與此禮初賓謙卑不辭其與故經不云坐受以與然此辭是主人復親酌已故鄉射主人酬賓云賓辭鄭注云辭主人復親酌已是也云酬酒不舉君子不盡人之歡不竭人之忠以全交也者並曲禮文案彼歡謂飲食忠謂衣服引之并謂飲食者鄭於彼歡與忠相對解之故歡爲飲食忠爲衣服通而言之總爲飲食於義合也云全交者所有飲食與已已盡之恐人嫌貪而交絕故不盡爲全交酬酒不飲亦是全交故引爲證也此以與於薦東爲酬酒不舉案燕禮二人媵爵于公與于薦南彼皆舉爲旅酬而在左者鄭彼注云與于薦南不敢必君舉也案特牲主人酬賓與于薦北彼舉旅而在左者鄭彼云行神惠故不與此同也

主人揖降賓降立于階西當序東面主人將與介爲禮賓謙不敢居堂上

【疏】主人至東西○注主人至堂上○釋曰自此下至主人介右荅拜論主人獻介之事

主人以介揖讓升拜如賓禮主人坐取爵于東序端降洗介降主人辭降介辭洗如賓禮升不拜洗介禮

殺也疏主人至拜洗○注介禮殺也○釋曰案上主人迎賓之時介與衆賓從入又主人與賓三揖至於階之時介與衆賓亦隨至西階下東面今此文云揖讓升如賓禮則唯於升堂時相讓無庭中三揖之事矣升堂而云拜者謂拜至亦如賓矣云介禮殺也者謂不拜洗是以鄉飲酒義云三讓以賓升拜至獻酬辭讓之節繁及介省矣是也

介西階上立不言疑者省文疏注不言疑者省文○釋曰此決上獻酬辭賓時賓於西階上疑立此亦當獻酒節而不言疑者省文也

主人實爵介之席前西南面獻介介西階上北面拜主人少退介進北面受爵復位主人介右北面拜送爵介少退主人拜于介右降尊以就卑也今文無北面疏主人至少退○注主人至北面○釋曰云主人介之席前西南面獻介者以介席東面故邪向之若獻賓時於賓席前北面向之也主人拜于介右降尊以就卑也者以主人獻賓時主人自在阼階今於獻介主人來在西階介右是介卑故降主人之尊就西階介之東北面拜也至旅酬皆同階者禮殺故也

主人立于西階東薦脯醢介升席自北方設折俎祭如賓禮不嚌肺不啐酒不告旨自南方降席北面坐卒爵興坐奠爵遂拜執爵興主人介右荅拜不嚌啐下賓疏主人至荅拜〇注不嚌啐下賓〇釋曰云主人立于西階東者始獻介之時近西在介右今於設薦之時主人無事稍近東案上獻賓薦設之時主人云疑立此不言者文畧也云主人介右荅拜者還近西於前立處荅拜也

介降洗主人復阼階降辭如初如賓酢之時疏介降至如初〇注如賓酢之時〇釋曰自此至介降立于賓南論介酢主人之事云主人復阼階降辭如初者如賓酢主人之時介辭主人從已降主人辭介爲已洗一皆如之也

卒洗主人盥盥者當爲介酌疏卒洗主人盥〇注盥者當爲介酌〇釋曰此主人自飲而盥者尊介也是以鄉射云大夫將酢主人卒洗主人盥注云盥者雖將酌自飲尊大夫不敢褻是其類也

介揖讓升

授主人爵于兩楹之閒就尊南授之介不自酌下賓酒者賓主共之疏介揖至之閒○釋曰揖讓升者謂一揖一讓升也云授主人爵于兩楹之閒以爵授主人也○注就尊至共之○釋曰知兩楹閒是尊南者以上云尊於房戶閒房戶閒當兩楹之北故云就尊南授之也云介不自酌下賓者以其賓親酌以酢主人此不自酌故云下賓也云酒者賓主共之者此經解酒賓主共之故賓自酌以酢主人介卑故不敢酌是以鄉飲酒義云尊於房戶之閒賓主共之是也介西階上立主人實爵酢于西階上介右坐奠爵遂拜執爵興介荅拜主人坐祭遂飲卒爵興坐奠爵遂拜執爵興介荅拜主人坐奠爵于西楹南介右再拜崇酒介荅拜奠爵西楹南以當獻衆賓疏介西至荅拜○釋曰此主人既受爵介無事故於西階上立不言疑立可知也亦省文○注奠爵至衆賓○釋曰知此奠爵爲衆賓者案下文云主人揖升坐取爵于西楹下是也鄉射無介

故獻衆賓時於東序端取爵獻訖奠爵于篚也

主人復阼階揖降介降立于賓南

疏 主人至賓南○釋曰向來主人與介行禮於西階上事訖故復阼階揖讓降介降立于賓南者以將獻衆賓故介無事就賓南也

主人西南面三拜衆賓衆賓皆荅壹拜

三拜壹拜示徧不備禮也不升拜賤也

疏 主人至壹拜○注三拜至賤也○釋曰自此已下至奠于篚論獻衆賓之事云西南面者以其主人在阼階下衆賓在賓介之南故西南向拜之云三拜壹拜示徧不備禮也者衆賓各得主人一拜主人亦徧得一拜是不備禮故鄉射云三拜衆賓衆賓皆荅壹拜彼注云三拜示徧也壹拜不備禮也大夫禮皆然故少牢云主人三拜餕者餕者皆荅拜鄭云三拜旅之示徧也又有司徹云主人降南面拜衆賓于門東三拜衆賓門東北面皆荅壹拜大夫尊故也士則荅再拜故特牲云主人三拜衆賓衆賓荅再拜鄭云衆賓再拜者士賤旅之得備禮是也云不升拜賤也者此決上主人與賓介行禮皆升堂拜至此三拜賓賤故不升拜至也

主人揖升坐取爵于西楹下降洗升實爵

于西階上獻衆賓衆賓之長升拜受者三人長其老者言三人則衆賓多矣【疏】主人至三人○注長其至多矣○釋曰云主人揖升者從三人爲首一一揖之而升也云降洗升實爵者以下不更言洗則以下因此不復洗矣云西階上獻衆賓者下別言衆賓之長三人則衆賓之中兼言堂下衆賓故鄭云衆賓多矣自三人已下於下便以次歷言之矣云拜受者三人則堂下衆賓不拜受矣

主人拜送於衆賓右【疏】主人拜送○注於衆賓右○釋曰知在衆賓右拜送者約上文介右而知也

坐祭立飲不拜既爵授主人爵降復位既卒也卒爵不拜立飲立授。賤者禮簡【疏】坐祭至復位○注既卒至禮簡○釋曰云卒爵不拜立飲立授爵賤者禮簡者賓賢能以賢者爲賓其次爲介不問長幼其三賓德劣于賓介則數年之長幼故上衆賓之長也賓介則坐祭坐飲又拜既爵此三賓則坐祭與賓介同不拜既爵立飲立授則異賤故禮簡也

衆賓獻則不拜受爵坐祭立飲次三人以下也不拜禮彌簡【疏】衆賓至立飲○注次三至彌簡○釋曰此

據堂下衆賓不拜受爵於三人故云禮彌簡也每一人獻則薦諸其席謂三人也

疏每一至其席○注謂三人也○釋曰上已云獻此以下別言薦云每一人還發三人而言云每一人獻則薦諸其席則一一得獻即薦之以其言席又下別言衆賓則此三○是三人故鄭云三人也衆賓辯有脯醢亦每獻薦於其位位在下今文辯皆作徧

疏衆賓辯有脯醢○注亦每至作徧○釋曰云亦每獻薦於其位者如上三人一一薦之知位在下者以其言堂下立侍不合有席既不言席故位在下既不言其數則鄉人有學識者皆來觀禮皆入飲酒之内是以鄉射云旅酬堂上辯卒受者與以旅在下者明衆賓在堂下也主人以爵降奠于篚不復用也

疏主人至于篚○釋曰以此合一獻徧不復用故以主人爵降奠於篚也揖讓升賓厭介升介厭衆賓升衆賓序升即席序次也即就也今文厭皆爲揖

疏揖讓至即席○注序次至爲揖○釋曰自此至舉觶者降論徧獻衆賓訖將以旅酬之事云衆賓序升者謂三賓堂上有席者以年長爲首以次即席也云今文厭皆爲揖不從者

以賓相引以手不得爲揖故也一人洗升舉觶于賓一人主人之吏發酒端曰舉【疏】一人至于賓○注一人至曰舉○釋曰此一人舉觶爲旅酬也云發酒端曰舉者從上至下徧飲訖又從上而起是發酒端曰舉也實觶西階上坐奠觶遂拜執觶興賓席末荅拜坐祭遂飲卒觶興坐奠觶遂拜執觶興賓荅拜降洗升實觶立于西階上賓拜賓拜拜將受觶【疏】賓觶至賓拜○注賓拜拜將受觶○釋曰云賓席末荅拜者謂於席西南面非謂席上近西爲末以其無席上拜法也已下賓拜皆然進坐奠觶于薦西賓辭坐受以興舉觶不授下主人也言坐受者明行事相接若親受謙也【疏】進坐至以興○注舉觶至謙也○釋曰云舉觶不授下主人也者決上主人獻賓皆親授而奠之今不親授是下主人鄉射注云不授賤不敢也下主人明此亦賤不敢授也云言坐受者明行事相接若親受謙也者若於人手相授受名爲受不於人取之不得言

受今於地取之而言受者以主人奠之賓取之而無隅絕雖於地若手受之故云明行事相接若親受之謙也

擧觶者西階上拜送賓坐奠觶于其所所薦西也

疏擧觶至其所○注所薦西也○釋曰賓奠於其所者待作樂後立司正賓乃取此觶以酬主人以其將擧故且奠之於右也

擧觶者降事巳

疏擧觶者降○注事巳○釋曰案鄉射擧觶者降後有大夫此不言者大夫觀禮之人或來或否故不言也

設席于堂廉東上爲工布席也側邊曰廉燕禮曰席工於西階上少東樂正先升北面此言樂正先升立于西階東則工席在階東

疏○設席至東上○注爲工至工階東○釋曰自此下至樂正告于賓乃降論主人樂賓之事大判揔爲作樂其中別有四節之殊有歌有笙有閒有合次第不同也案燕禮席工于西階上即云樂正先升大射亦云席工于西階上工六人四瑟始云小樂正從之不同者燕禮主於歡心尚樂故先云樂正先升大射主於射畧於樂故辨工數乃云樂正從之也若然此主於樂不與燕同而席工下辨工數乃云樂正升者此臣禮避初也至於鄉射亦應主於射畧於樂而不言工數先云樂正而不與大射同者亦是避

初之事也云爲工布席也者以鄉射燕禮大射皆席工連言此不言席工文不具爾故此爲工布席下云工入升明此席也引燕禮者欲證此席爲工又取此工席在西階東以其此經云堂廉東上不言階東故取燕禮西階上少東樂正又在工西此下云樂正於西階東據樂正於西階東而立在工西則知工席更在階東北面可知但此言近堂廉亦在階東彼云階東亦近堂廉也

工四人二瑟瑟先相者二人皆左何瑟後首挎越内弦右手相

四人大夫制也二瑟二人鼓瑟則二人歌也瑟先者將入序在前也相扶工也衆賓之少者爲之每工一人鄉射禮曰弟子相工如初入天子相工使視瞭者凡工瞽矇也故有扶之者師冕見及階子曰階也及席子曰席也固相師之道後首者變于君也挎持也相瑟者則爲之持瑟其相歌者徒相也越瑟下孔也内弦側擔之者

疏

工四至手相○注四人至之者○釋曰云四人大夫制也者此鄉大夫飲酒而云四人大射諸侯禮而云六人故知四人者大夫制也燕禮亦諸侯禮而云四人者鄭彼注云工四人者燕禮輕從大夫制也鄉射是諸侯之州長士爲之其中兼有鄉大夫以三物詢衆庶行射禮法故工亦四人大夫制也若然士

當二人天子當八人爲差次也云二瑟二人鼓瑟則二人歌也者既云工四人二人瑟明二人鼓瑟可知也云相扶工也衆賓之少者爲之者見鄉射云樂正適西方命弟子弟子則衆賓之少者也云毎工一人者案周禮瞽三百人又此經二人瑟相者二人皆左何瑟又大射僕人正相大師以諸文言之故知毎工一人若然此經工四人二人瑟相二人則工二人歌雖不言相亦二人可知以空手無事故不言也云鄉射禮曰弟子相工如初入者彼謂將射樂正命弟子相工遷樂於下降時如初入之次第亦瑟先歌後引之證弟子相工之事天子相亦使眡瞭爲之知者見周禮眡瞭職云凡樂事相瞽是也云凡工瞽矇也者鄭司農云無目眹謂之瞽有目眹而無見謂之矇有目無眸子謂之瞍故詩大雅云矇瞍奏工是也引論語者證瞽人無目須扶之義也云師即大師之官無目矇瞽之長也云後首者變於君也者案燕禮云小臣左何瑟面鼓注云燕尚樂可鼓者在前也此鄉飲酒亦尚樂而不面鼓是變於君也案大射主於射畧於樂鄉射亦應主於射畧於樂所以面鼓亦是變於君也云挎持也者瑟底有孔越以指深入謂之挎也云其相歌者徒相也者徒空也無可荷空以右手相以經不言故。也云内弦側擔之者以左。於外側擔之使弦向内也

樂正先升立

于西階東正長也【疏】樂正至階東○注正長也○釋曰案周禮有大司樂樂師天子之官此樂正者諸侯及大夫士之官當天子大司樂言先升對後升云長樂官之長也工入升自西階北面坐相者東面坐遂授瑟乃降降立于西方近其事【疏】工入至乃降○注降立至其事○釋曰工入升不言歌瑟先後案上文已云瑟先其歌可知也鄭知降立於西方近其事者鄉射云樂正適西方命弟子贊工遷樂故知西方是近其事也工歌鹿鳴四牡皇皇者華三者皆小雅篇也鹿鳴君與臣下及四方之賓燕講道脩政之樂歌也此采其已有旨酒以召嘉賓嘉賓既來示我以善道又樂嘉賓有孔昭之明德可則傚也四牡君勞使臣之來樂歌也此采其勤苦王事念將父母懷歸傷悲忠孝之至以勞賓也皇皇者華君遣使臣之樂歌也此采其更是勞苦自以爲不及欲諮謀于賢知而以自光明也【疏】工歌至者華○注三者至光明○釋曰凡歌詩之法皆歌其類此時貢賢能擬爲卿大夫或爲君所燕食以鹿鳴詩也或爲君出聘以皇皇者華詩也或使反爲君勞來以四牡詩也故賓賢能而預歌此三篇使習之

也云三者皆小雅篇也者其詩見於小雅之内也云鹿鳴君與臣下及四方之賓燕講道脩政之樂歌也者自此已下鄭皆先引詩序於上復引詩經於下以其子夏作序所以序述經意故鄭並引之也案鹿鳴序云鹿鳴燕羣臣嘉賓也然後羣臣嘉賓得盡其心之事還依序而言也云此采其已有旨酒以召嘉賓嘉賓既來示我以善道至可則傚也者案彼經云我有旨酒以燕樂嘉賓之心又云示我周行德音孔昭視民不恌是則是傚之事四牡序云勞使臣之來也經云王事靡盬我心傷悲豈不懷歸將母來諗皇皇者華序云君遣使臣也經云於彼原隰駪駪征夫每懷靡及周爰諮謀之事故鄭依而引之爲證也

卒歌主人獻工工左瑟一人拜不興受爵主人阼階上拜送爵一人工之長也凡工賤不爲之洗

疏 卒歌至送爵○注一人至之洗○釋曰云一人工之長也者謂就四人之内爲首者也云凡工賤不爲之洗者下大師爲之洗是君賜者爲之洗明自外不爲之洗也案此鄉飲酒及燕禮同是主歡心尚樂之事故有升歌笙閒合樂及其獻工獻笙後閒合不獻以知二節自前已得獻故不復重獻鄉射主於射略於樂無笙閒唯有合樂笙工並爲至終總獻之大

射亦主於射畧於樂但不開歌不合樂故有升歌鹿鳴三終主人獻工乃後下管新宮不復得獻此君禮異於鄉射也若鄉射與大射同畧於樂大射不畧升歌而畧笙開合者二南是鄉大夫之正小雅是諸侯之正鄭注鄉射云不畧合樂者不可畧其正諸侯不畧鹿鳴之等義亦然也

薦脯醢使人相祭 使人相者相其祭酒祭薦

疏 薦脯醢使人相祭○注使人至祭薦○釋曰知使人相祭者以相者扶工之人每事使之指授故知還使相者爲之知祭酒薦祭者以其云獻薦脯醢鄭云相祭知相其祭酒祭薦也

工飲不拜既爵授主人爵 坐授之

疏 注坐授之○釋曰知坐授之者以經不云興故知坐授之也

衆工則不拜受爵祭飲辯有脯醢不祭 祭飲獻酒重無不祭也今文辯爲徧

疏 衆工至不祭○注祭飲至爲徧○釋曰言獻酒重無不祭也者衆工諸事皆不備尚祭飲則知得獻酒無有不祭故知獻酒重無不祭也其正酬亦祭至於旅酬以下則不祭而已故下記云凡旅不洗不洗者不祭鄭注云敬禮殺也不甚絜也此衆工亦不洗而祭是以云獻酒重無不祭也

大師則爲之洗

賓介降，主人辭降。工不辭洗。大夫若君賜之樂，謂之大師，則爲之洗。尊之也。賓介降，從主人也。工，大師也。上既言獻工矣，乃言大師者，大師或瑟或歌也。其獻之，瑟則先，歌則後。

疏大師至辭洗○注大夫至則後○釋曰：天子諸侯有常官則有大師也，大夫則無常官，若君賜之樂，并樂人與之，則亦謂之大師，主人爲之洗。若然，工非大師則無洗。云「賓介降，從主人也」者，案鄉射云「大師則爲之洗，賓降」，注云「大夫不降，尊也」，此既大夫禮，則有大夫亦不降可知也。云「工，大師也」者，既言大師則爲之洗，而云工不辭洗，故知工即大師。是以論語云「師冕見孔子」，「爲之相」，鄭云「相，扶工」，是工爲樂人之揔稱也。云「上既言獻工矣，乃言大師者，大師或瑟或歌也」者，以其前工有瑟有歌，後別言大師，則大師能瑟或在瑟中，若大師能歌或在歌中，故云大師或瑟或歌也。云「其獻之，瑟則先，歌則後」者，以其序入及升堂皆瑟先歌後，其獻法皆先瑟後歌，是以知獻之瑟先歌後，隨大師所在以夾獻之也。燕禮云「卒歌，主人洗，升獻工，工不興，左瑟，一人拜受爵」，注云「左瑟，便其右。一人，工之長者也」。燕禮諸侯禮有常官，不言大師，以燕禮主爲臣子，故工四人從大夫制，其大師入工不別言之也。大射云「主人洗，升實爵，獻工，工不興，左瑟」，注云「大師無瑟，於是言左瑟者

節也若大師在歌亦先得獻與燕異也

笙入堂下磬南北面立樂南陔白華華黍

笙吹笙者也以笙吹此詩以爲樂也南陔白華華黍小雅篇也今亡其義未聞昔周之興也周公制禮作樂采時世之詩以爲樂歌所以通情相風切也其有此篇明矣後世衰微幽厲尤甚禮樂之書稍稍廢棄孔子曰吾自衛反魯然後樂正雅頌各得其所謂當時在者而復重雜亂者也惡能存其亡者乎且正考父校商之名頌十二篇于周大師歸以祀其先王至孔子二百年之間五篇而已此其信也

【疏】○笙入至華黍○釋曰此升歌訖得獻乃始入也云磬南北面者磬既南面其南當有擊磬者在磬南北面而云笙入磬南北面者在磬者之南北面也○注笙吹至信也○釋曰言小雅篇也者今序仍在魚麗之下是小雅也云今亡其義未聞者案詩魚麗之下見子夏序序此三篇案彼子夏序云南陔孝子相戒以養也白華孝子之絜白也華黍時和歲豐宜黍稷也此已上是子夏序文則云有其義而亡其辭者此是毛公續序云有其義指子夏序有其義也云而亡其辭者謂詩辭亡矣若然彼亡辭此亡義與此義異也云昔周之興也周公制禮作樂至明矣者欲明周公制此儀禮之時有此三篇之意也云後世衰微幽厲

尤甚者禮運云孔子曰我觀周道幽厲傷之吾舍魯何適是幽厲尤甚者也禮樂之書稍稍廢棄者自幽厲巳後稍稍更加廢棄此篇之失也又引孔子以下至其信者欲明孔子以前言亡三篇之意也案南陔注云孔子論詩雅頌各得其所時俱在耳篇第當在於此時遭戰國及秦之世而亡之其義則與衆篇之義合編故存至毛公爲詁訓傳乃分衆篇之義各置於其篇端彼詩鄭注又與此不同者鄭君注禮之時未見毛傳以爲此篇孔子前亡注詩之時旣見毛傳以爲孔子後失必知戰國及秦之世者以子夏作序具序三篇之義明其詩見在毛公之時亡其辭故知當戰國及秦之世也

主人獻之于西階上一人拜盡階不升堂受爵主人拜送爵階前坐祭立飲不拜旣爵升授主人爵一人笙之長者也笙三人和一人凡四人鄉射禮曰笙一人拜于下

疏主人至人爵○注一人至於下○釋曰自此至不祭論獻笙者之事云一人拜者謂在地拜乃盡階不升堂受爵也云一人笙之長者也者笙者四人今言一人受爵明據爲首長者而言也云笙三人和一人凡四人者案鄉射記云三笙一和而成聲注三人吹笙

一人吹和凡四人爾雅曰笙小者謂之和是也云鄉射禮曰笙一人拜于下者即此一人拜者亦在堂下可知但獻工之時拜送在西階東以工在階東故也此主人拜送笙之時在西階上以其笙在階下故不同也**衆笙則不拜受爵坐祭立飲辯有脯醢不祭**亦受爵于西階上薦之者於其位磬南今文辯爲徧 疏 衆笙至不祭○注亦受至爲徧○釋曰衆笙除一人之外二人者不備禮故亦受爵於西階上者與一人同也云薦之皆於其位磬南者依前笙入立于磬南之處是其類也**乃閒歌魚麗笙由庚歌南有嘉魚笙崇丘歌南山有臺笙由儀**閒代也謂一歌則一吹六者皆小雅篇也魚麗言大平年豐物多也此采其物多酒旨所以優賓也南有嘉魚言大平君子有酒樂與賢者共之也此采其能以禮下賢者賢者纍蔓而歸之與之燕樂也南山有臺言大平之治以賢者爲本此采其愛友賢者爲邦家之基民之父母既欲其身之壽考又欲其名德之長也由庚崇丘由儀今亡其義未聞 疏 乃閒至由儀○釋曰此一經堂下吹笙堂上升歌閒代而作故謂之乃閒也○注閒代至未聞○釋

曰云謂一歌則一吹者謂堂上歌魚麗終堂下笙中吹由庚續之以下皆然此魚麗南有嘉魚南山有臺其詩見在云六者皆小雅篇也者見編在小雅之內故知之見在者鄭君亦先引其序後引其詩案魚麗序云魚麗美萬物盛多也詩云君子有酒旨且多南有嘉魚序云大平之君子至誠樂與賢者共之也詩云君子有酒嘉賓式燕以樂南山有臺序云樂得賢也得賢則能爲邦家立大平之基矣詩云樂只君子邦家之基又云樂只君子民之父母遐不眉壽是也此其鄭君所言義意云由庚崇丘由儀今亡其義未聞者案詩序云由庚萬物得由其道也崇丘萬物得極其高大也由儀萬物之生各得其宜也有其義而亡其辭此毛公續序義與南陔白華華黍同堂上歌者不亡堂下笙者即亡蓋當時方以類聚笙歌之時各自一處故存者幷存亡者幷亡也

乃合樂周南關雎葛覃卷耳召南鵲巢采蘩采蘋

合樂謂歌樂與○衆聲俱作周南召南國風篇也王后國君夫人房中之樂歌也關雎言后妃之德葛覃言后妃之職卷耳言后妃之志鵲巢言國君夫人之德采蘩言國君夫人不失職采蘋言卿大夫之妻能脩其法度昔大王王季居于岐山之陽躬行召南之教以興王業及文王而行周南之教以

受命大雅云刑于寡妻至于兄弟以御于家邦謂此也其始一國耳文王作邑于豐以故地爲卿士之采地乃分爲二國周周公所食召召公所食於時文王三分天下有其二德化被于南土是以其詩有仁賢之風者屬之召南焉有聖人之風者屬之周南焉夫婦之道生民之本王政之端此六篇者其教之原也故國君與其臣下及四方之賓燕用之合樂也鄉樂者風也小雅爲諸侯之樂大雅頌爲天子之樂鄉飲酒升歌小雅禮盛者可以進取也燕合鄉樂禮輕者可以逮下也春秋傳曰肆夏繁遏渠天子所以享元侯也文王大明緜兩君相見之樂也然則諸侯相與燕升歌大雅合小雅天子與次國小國之君燕亦如之與大國之君燕升歌頌合大雅其笙閒之篇未聞

【疏】乃合至采蘋○注合樂至未聞○釋曰此一經論堂上（一字缺）堂下衆聲俱合之事也云合樂謂歌樂衆聲俱作者謂堂上有歌瑟堂下有笙磬合奏此詩故云衆聲俱作云周南召南國風篇也者案論語注國風之首篇謂十五國風之篇首義可知也云王后國君夫人房中之樂歌也者案燕禮記云有房中之樂注云弦歌周南召南之詩而不用鍾磬之節謂之房中者后夫人之所諷誦以事其君子是也既名房中之樂用鍾鼓奏之者諸侯卿大夫燕饗亦得用之故用鍾鼓婦人用之乃不用鍾鼓則謂之房中之

樂也云關雎言后妃之德以下至脩其法度周南三篇即言后妃召南三篇則言夫人不同者此雖同是文王之化召南是文王未受命已前之事諸侯之禮故稱夫人周南是文王受命稱王之後天子之禮故稱后。也云昔大王王季居于岐山之陽者案魯頌云后稷之孫實維大王居岐之陽鄭云大王自豳徙居岐陽是大王居於岐陽也兼言王季者王季大王之子繼大王後亦居岐陽至文王始居于豐故兼言王季也云躬行召南之教以興王業者大王得鸑鷟鳴于岐又實始翦商王季又纂我祖考是其以興王業也云及文王而行周南之教以受命者文王徙居豐得赤雀之命故云以受命也鄭注鄉射云昔大王王季文王始居岐山之陽彼兼言文王者欲見文王未受命以前亦得召南之化知者案羔羊詩序云召南之國化文王之政摽有梅序云召南之國被文王之化此不兼言文王者據文王徙豐受命之後專行周南之教是周南十一篇唯言文王之化不言大王王季也大雅云刑于寡妻者是大雅思齊之詩也引之者證文王施化自近及遠自微至著之意云其始一國耳者謂大王自豳遷于岐山周原膴膴過百里之地言此者欲見從居于豐以後二分天下以此故國分與二公故云文王作邑于豐以故地爲卿士之采地乃分爲二國也云周周公所食召召公所食者此二公身爲三公下兼鄉士即上采地一也云此者欲見采地得稱周召之意云於時文王三分天下有其二德化被于南土者欲見周召皆稱南之意也云是以其詩有仁賢之風者屬之召南焉者謂文王未受命以前也云有聖人之風者屬之周南焉者謂受命以後也故詩序云關雎麟趾之化王者之風故繫之周公鵲巢騶虞之德諸侯之風也先王之所以教故繫之召公必將二南繫此二公者天子不風文王受命稱王故繫於二公也云夫婦之道生民之本王政之端者欲見合樂之時作此六篇之意也云故國君與其臣下及四方之賓燕用之合樂也者此據燕禮而言之也云鄉樂者風也者亦據燕禮而言故燕禮記云遂合鄉樂者據此鄉飲酒鄉大夫所作也云小雅爲諸侯之樂者則升歌鹿鳴之等是也云大雅頌爲天子之樂者肆夏繁遏渠之等是也云鄉飲酒升歌小雅禮盛者可以進取也者據此鄉飲酒爲饗禮升歌鹿鳴進取諸侯之樂饗禮盛可以進取也云燕合鄉樂禮輕者可以逮下也者逮及也以燕禮輕故言可以逮下也鄭君據儀禮上下而言其實饗燕同樂知者穆叔如晉晉侯饗之歌鹿鳴之三是與燕禮同樂也若然小雅云鄉或進取燕可以逮下者饗亦逮下也云春秋傳曰者襄公四年左氏傳文彼云穆叔如晉晉侯享之金奏肆夏之三不拜工歌文王之

三又不拜歌鹿鳴之三三拜韓獻子使行人子員問之曰吾子舍其大而重拜其細敢問何禮也穆叔對曰三夏天子所以享元侯也使臣弗敢與聞文王兩君相見之樂也臣不敢及鹿鳴所以嘉寡君也敢不拜嘉引之者證肆夏繁遏渠是頌謂天子之樂歌案鍾師杜子春注引呂叔玉云肆夏時邁也繁遏執競也渠思文也鄭君不從以爲詩篇名頌之族類也此歌之大者載在樂章樂崩亦從而亡之是以頌不能具是也云然則諸侯相與燕升歌大雅合小雅天子與次國小國之君燕亦如之與大國之君燕升歌頌合大雅者此約穆叔云肆夏繁遏渠天子所以享元侯肆夏繁遏渠則頌也元侯大國之君也凡合樂者遍取畢者一節故歌頌合大雅也若元侯自相享亦依此案詩譜云天子諸侯燕羣臣及聘問之賓皆歌鹿鳴合鄉樂鄭云諸侯相燕天子與國君燕與大國之君燕國語及襄公四年公言饗見之者亦欲饗同也向來所言皆據升歌合樂有此尊卑之差若納賓之樂天子與五等諸侯同用肆夏是以燕禮納賓用肆夏禮記郊特牲云大夫之奏肆夏由趙文子始也是大夫不得用之其諸侯以上同用之也云其笙閒之篇未聞者案鄉飲酒禮笙閒之樂前與升歌同在小雅則知元侯及國君相饗燕笙閒亦同升歌矣而云未聞知謂如由庚由儀之等篇名未聞

工

樂正降者以正

告于樂正曰正歌備樂正告于賓乃降歌備無事也降立西階東北面

（疏）工告至乃降○注樂正至北面○釋曰鄭知降立西階東北面者以其堂上時在西階之東北面知降堂下亦然在笙磬之西亦得監堂下之樂故知位在此也此鄉飲酒及鄉射大夫禮畢無大師故工告樂備國君禮備有大師告樂備大射不告樂備者是禮主於射畧於樂故也

主人降席自南方不由北方由便

（疏）主人降席自南方○注不由北方由便○釋曰自此至退立于觶南論立司正之事云不從北方由便者主人之席南上升由下降由上是其常而言不從北方由便者解禮故所以升由下降由上者是由便也

側降賓介不從

（疏）側降○注賓介不從○釋曰側者特也賓介不從故言側上來主人降賓介皆從降此獨不從者以其方燕禮殺故也

作相爲司正司正禮辭許諾主人拜司正荅拜作使也禮樂之正既成將留賓爲有解惰立司正以監之拜拜其許

（疏）作相爲司正○注作使至其許○釋曰上經云一相迎于門外今將燕使爲司正監察賓主之事故使相

爲司正也云禮樂之正既成者謂主人與賓行獻酢之禮是禮成也升歌笙閒合樂三終是樂成也故鄭摠言禮樂之正既成也

主人升復席司正洗觶升自西階阼階上北面受命于主人主人曰請安于賓司正告于賓賓禮辭許爲賓欲去留之告賓於西階

疏主人至辭許○注爲賓至西階○釋曰此司正升西階適阼階上案鄉射云司正升自西階由楹內適阼階上北面彼此同此不言由楹內者省文也云告賓於西階者鄉射云司正西階上故知也

司正告于主人主人阼階上再拜賓西階上荅拜司正立于楹閒以相拜皆揖復席再拜拜賓許也司正既以賓許告主人遂立楹閒以相拜賓主人既拜揖就席

疏司正至復席○注再拜至就席○釋曰凡相拜者當在賓主拜前今相見云在賓拜下者以經云司正告于主人因即拜賓賓即荅拜文理切不得先言相拜故退之在下其賓相時在賓主拜前是以鄉射云司正告于主人遂立楹

閒以相拜主人阼階上再拜賓西階上荅再拜是其相拜在前也云主賓既拜揖就席者以鄉射賓主拜訖即揖就席故也知此亦然也

司正實觶降自西階階閒北面坐奠觶退共少立階閒北面東西節也其南北當中庭共拱手也少立自正慎其位也己帥而正孰敢不正燕禮曰右還北面

疏 司正至少立○注階閒至北面○釋曰云階閒北面東西節也者階閒謂兩階之閒東西等是東西節也云其南北當中庭者案鄉射云司正實觶降自西階中庭北面坐奠觶此經雖不言中庭宜與彼同故云中庭也云己帥而正孰敢不正者此是論語孔子語季康子之言也彼言子帥指季康子爲子此言己帥指司正爲己欲見司正退也云共拱手也少立自正慎其位也者欲見令賓主亦皆正慎其位也云燕禮曰右還北面者燕禮司正降自西階又還北面取不背其君此亦降自西階亦右還北面取不背大夫也故引以爲證也

坐取觶不祭遂飲卒觶興坐奠觶遂拜執觶興盥洗北面坐奠觶于其所退立于觶南洗觶奠之示絜敬立於其南以察衆

疏坐取至觶南。注洗觶至祭眾。釋曰執觶興洗北面者案鄉射大射禮皆直云取觶洗南面反奠於其所不云盥此俗本有盥者誤又此文及鄉射奠空觶皆位南北面奠之燕禮大射皆南面奠之者以國君禮盛儀多故也

儀禮疏卷第九

大清嘉慶二十年用宋本重刊

江西督糧道王賡言廣豐縣知縣阿應鱗栞

長塘鮑氏宦官校正

儀禮注疏卷九挍勘記　　阮元撰盧宣旬摘録

主人降

注降立至西面　降立閩本作亦從

主人對賓坐取爵　賓下唐石經衍上字

主人阼階東　唐石經脱阼字

此鄉人將賓舉之　舉要義作興

是禮之常故也　故要義作然

卒洗

主人不忠信　通解毛本主人作是

賓辭

此禮初賓謙畢　要義同毛本禮作與

主人實爵介之席前

就西階介之東北面拜也　閩本重北字

介西階上立主人實爵

以當獻衆賓　徐葛閩本集釋通解楊氏同毛本當作爵

主人西南面三拜

主人三拜衆賓者　三要義作一

坐祭

云卒爵不拜立飲立授爵　要義同毛本授下無爵字○按此注中授下亦當有爵字

故上衆賓之長也　上閩本作此

每一人獻

則此三是三人　通解毛本此下無三字

進坐

若於人手相授受　毛本授作接

若手受之　閩監同毛本受作授

設席于堂廉

不與燕同　要義同毛本不作正

此臣禮避初也　要義初俱作初下亦是避初之事也同毛本初作君

工四人二瑟

降時如初入之次第　閩本同毛本時作將

天子相　毛本相下衍工字

以經不言故也　也閩本作言盧文弨云故下當有言之二字○按如盧說則閩本亦未爲誤但須於言下加之也二字耳

以左於外側擔之　毛本通解左下有手字閩本手字擠入

工入○遂授瑟　遂唐石經徐閩葛本通解楊氏敖氏俱作遂毛本作送

工歌鹿鳴四牡皇皇者華

示我以善道　示楊氏作視

可則傚也　傚釋文作詨云本又作傚同張氏曰注曰可則傚也大射燕禮同此葢引詩是則是傚也故好事者皆改爲傚按釋文云詨戶孝反本又作傚大射云詨戶教反亦作傚燕禮云傚戶教反本又作詨是必古文詨傚通用宜各從其故

卒歌

笙工並爲至終總獻之　終閩本通解要義俱作終毛本作經

乃後下管新宮　通解要義同毛本乃後作後乃

薦脯醢

以其云獻薦脯醢　閩本無獻字

衆工則不拜受爵○辯有脯醢　辯閩本作辨注同

則不祭而已　浦鏜云而已二字衍

大師則爲之洗

與燕異也　閩本要義同毛本異作畢

笙入堂下

得獻乃始入也　得獻閩本作笙

具序三篇之義明其詩見在　要義同毛本義明作後則閩本作義則

主人獻之於西階上

注三人吹笙　閩本要義同毛本注作主

笙小者　閩本無笙字

衆笙則不拜受爵

二人者不備禮　二閩本作三

是其類也　浦鏜云類當位字誤

乃間歌魚麗　釋文云麗本或作離下同

與之燕樂也　燕釋文作宴

乃合樂○葛覃 張氏曰按釋文葛蕈大南反五經文字云詩葛覃亦作蕈九經字樣云葛覃經典或作蕈今不作蕈非古也後燕禮同○按今本釋文仍作覃

謂歌樂與衆聲俱作 疏無與字通典無樂字

能脩其法度 徐本同毛本脩作循○按禮記鄉飲酒義正義引正作脩

論堂上堂下 上字下此本空一字

云王后國君夫人房中之樂歌也者 歌下閩本衍知字○按卽有知字亦當在也字下

故稱后也 閩本通解同毛本后下有妃字

天子不風 不毛本作之

鄉或進取 要義同毛本通解鄉作饗

繁遏執競也　毛本競作兢

而云未聞知　閩本者俱誤作知毛本作者

主人降席自南方

云不從北方由便者　按從注作由疏兩舉注語俱作從殆與由便之由相避耳凡疏舉注語不必悉依原文未可據以改注

主人之席南上　通解同毛本之席作席之

作相爲司正

爲有懈惰　懈釋文徐本集釋俱作解按此二字諸本錯出不悉挍

司正告于主人

共賓相時在賓主拜前　毛本時作拜

卽揖就席故也　浦鏜以也爲衍文故字屬下

坐取觶○執觶興盥洗　徐本集釋楊氏與下俱有盥字唐石經盥字擠入毛本通解無按張氏據疏去盥字通解用張氏之說而毛本又依通解然士昏禮疏云凡洗爵者必先盥則盥字不去亦可

案鄉射大射禮　浦鏜云鄉射當作燕禮○按鄉射之文全與此同大射之文全與燕禮同賈兼言鄉射大射而下文祇引大射者以鄉射文同故不復著也燕禮既同大射言大射自不必更言燕禮矣

儀禮注疏卷九挍勘記終

奉新余成教挍

儀禮疏卷第十

唐朝散大夫行大學博士弘文館學士臣賈公彦等撰

賓北面坐取俎西之觶阼階上北面酬主人

主人降席立于賓東初起旅酬也凡旅酬者少長以齒終於沃盥者皆弟長而無遺矣

疏賓北至賓東○釋曰自此至司正降復位論堂上堂下徧行旅酬之事云取俎西之觶者謂前一人舉觶奠于薦右今爲旅酬而舉之前主人酬賓奠于薦東者不舉故言俎西以別之云主人降席不云自南方北方者案下記云主人介凡升席自北方降席自南方指此文也○注初起至遺矣○釋曰云凡旅酬者少長以齒以下並是鄉飲酒義文是以彼云賓酬主人主人酬介介酬衆賓少長以齒終於沃洗者焉知其能弟長而無遺矣案下記云主人之贊者西面北上不與注云贊佐也謂主人之屬佐助主人禮事徹鼏沃盥設薦俎者與及也不及謂不及獻酒言不及獻酒則旅酬亦不與旅酬所以酬正獻也記又云無筭爵然後與若然此旅酬得終於沃洗者鄭解酬之大法欲見堂上賓主人之

黨無不與故鄭君連引無筭爵旅酬而言終沃洗也其賓此時未及沃洗也賓坐奠觶遂拜執觶興主人荅拜不祭立飲不拜卒觶不洗賓觶東南面授主人賓立飲卒觶因更酌以鄉主人將授主人阼階上拜賓少退主人受觶賓拜送于主人之西旅酬同階禮殺疏注旅酬同階禮殺○釋曰決上正酬時不同階今同階故云禮殺也賓揖復席酬主人訖主人西階上酬介介降席自南方立于主人之西如賓酬主人之禮主人揖復席其酌賓觶西南面授介自此以下旅酬酌者亦如之疏注其酌至如之○釋曰知西南面授介者案賓酬主人時於阼階上東南面向之則知此主人酬介于西階上西南面可知云自此已下旅酬酌者亦如之者謂亦如主人酬介其酬酌介賓觶西南面授之以其旅酬皆西階上故也司正升相旅曰某子受酬

受酬者降席旅序也於是介酬衆賓衆賓又以次序相酬某者衆賓姓也同姓則以伯仲別之又同則以且字別之疏注旅序至別之○釋曰上文作相爲司正注云將留賓爲有懈惰立司正以監之今以賓主及介旅酬不監之至衆賓乃監者以其主人與賓介習禮已久又各一位不嫌失禮至於衆賓旣不久習禮又同在一位恐其失禮故須監之也云某者衆賓姓也者以某在子上故知是衆賓姓也若單言某則是字故鄉射云某酬某子注云某者字也云同姓則以伯仲別之者但此衆賓之內有同姓司正命之則呼伯仲別之也云又同則以且字別之者爲同姓之中有伯仲同者則以某甫且字別之也

司正退立于序端東面辟受酬者又便其贊上贊下也始升相西階西北面疏司正至東面○注辟受至北面○釋曰司正初時在堂上西階西北面命受酬者訖退立于西序端東面者一則案此下文衆受酬者受自左即是司正立處故須辟之二則東面時贊上贊下便也云始升相西階西北面者雖無正文以衆賓之席在賓西南面介酬在西階上司正升相旅當在西階西北面命賓故知位如此也

受酬者自介右由介東也尊介使不失故位疏受酬者自介右

○注由介至故位。○釋曰：北面以東爲右，故鄭云由介東也。云尊介使不失故位者，凡授受之法者，授由其右，受由其左，即下文衆受酬者是也。此受介酬者，應自介左，而自介右者，介位在西，故云尊介使不失故位也。

衆受酬者受自左，後將受酬者皆由西，變於介也。今文無衆酬者。

疏衆受至自左。○注後將至酬者。○釋曰：言衆受酬者，謂上衆賓之内爲首者一人自介右受之，自第二以下幷堂下。衆賓皆自左受之。言變於介者，即是授受之常法也。

拜興飲，皆如賓酬主人之禮。嫌賓以下異也。

辯。

卒受者以觶降，坐奠于篚。辯辯衆賓之在下者。鄉射禮曰：辯遂酬在下者，皆升受酬于西階上。

疏注辯辯至階上。○釋曰：引鄉射者，彼禮與此同。經直言辯，不云遂酬在下者皆升受酬于西階上者，文不具，故引以證也。

司正降復位。觶南之位。

疏司正降復位。○注觶南之位。○釋曰：復位者，以相旅畢，堂上無事，故降復觶南之位。

使二人舉觶于賓介，洗，升實觶于西階上，皆坐奠觶，遂拜，執觶興，賓介席末荅拜皆坐祭遂飲卒觶興坐奠觶遂拜執觶興賓介席末荅拜二人亦主人之吏若有大夫則舉觶于賓與大夫燕禮曰媵爵者立于洗南西面北上序進盥洗疏使二至荅拜○注二人至盥洗○釋曰自此至無算樂論賓主燕坐爵樂無數之事云賓介席末荅拜者賓於席西南面荅拜介於席南東面荅云二人亦主人之吏者亦上一人舉觶是主人之吏以其主人使之故知皆是主人之吏也云若有大夫則舉觶于賓與大夫者以其大夫尊於介故也引燕禮者證此二人舉觶將盥時亦於洗南西面北上以次盥手也逆降洗升實觶皆立于西階上賓介皆拜於席末拜疏注於席末拜○釋曰言席末拜者賓在席西南面介在席南東面以其俱是荅拜故同前席末拜也皆進薦西奠之賓辭坐取觶以興介則薦南奠之介坐受以興退皆拜送降賓介奠于其所賓言取介言受尊卑異文今文曰賓受疏

皆進至其所○釋曰言皆進者一人之賓所奠觶于薦西一人之介所奠觶于薦南○注賓言至異文○釋曰尊者得卑者物言取是以家語云定公假馬於季氏孔子曰君於臣有取無假故賓尊言取介卑言受也

司正升自西階受命于主人主人曰請坐于賓賓辭以俎至此盛禮俱成酒清肴乾賓主百拜強有力者猶倦焉張而不弛弛而不張非文武之道請坐者將以賓燕也俎者肴之貴者辭之者不敢以禮殺當貴者

疏 司正至以俎○釋曰云司正升自西階受命于主人此不言阼階上受案鄉射司正升自西階阼階上受命于主人適西階上北面請坐於賓則此亦同彼云主人曰請坐于賓者亦是使司正傳語於賓也○注至此至貴者○釋曰自此以上皆立行禮人皆勞倦故請坐於賓也云酒清肴乾者案聘義云酒清人渴而不敢飲也肉乾人飢而不敢食也彼上云聘射之禮至大禮也則是聘射皆有飲酒禮故此鄉飲酒引之云賓主百拜者樂記文彼是飲酒禮與此同故引而相證但此鄉飲酒之禮雖無百拜舉全數而言也云強有力者亦聘義文言此者欲見自此以前未得安坐飲食也云張而不弛弛而不張非文武之道者此雜記文畧而言之此以弓弩喻行

禮之法張而不弛以喻旅酬已前立行禮弛而不張喻無筭爵以後坐食○一張一弛是文武之道張而不弛弛而不張非文武之道故後須坐也云俎者肴之貴者謂骨體貴而肉賤故云肴之貴者云辭之者不敢以禮殺當貴者自旅以前立行禮是盛自此後無筭爵坐以○禮謂之殺故今將坐辭以俎不敢以禮殺當貴者案燕禮司正奠觶于中庭請徹俎而坐此禮司正監旅訖二人舉觶後將行無筭爵始請坐于賓不同者燕禮司正之前云二人致爵三舉旅得爵多故司正奠時即坐燕此禮由來未行旅酬故使二人舉觶徹俎後乃坐也

主人請徹俎賓許亦司正傳請告之

司正降階前命弟子俟徹俎西階前也弟子賓之少者俎者主人之吏設之使弟子俟徹者明徹俎賓之義

疏○司正降階○注西階至之義○釋曰云弟子賓之少者以其稱弟子故知是賓之少者西階前命之故知賓弟子賓徹主人而使弟子徹俎故云賓之義也

司正升立于席○端待事

疏司正至席端○釋曰司正降階前命弟子徹俎訖即升立于席端弟子仍未徹俎故鄭云待事也

賓降席北面主人降席阼階上北

面介降席西階上北面遵者降席席東南面皆立相須徹俎也遵者謂此鄉之人仕至大夫者也今來助主人樂賓主人所榮而遵法者也因以爲名或有無來不來用時事耳今文遵爲僎或爲全

疏 賓降階至南面○釋曰皆立者將取俎以授人遵不北面者以其尊故席東南面向主人○注皆立至爲全○釋曰云皆立相須徹俎也者須待也受俎之人一時徹而授之也云遵者謂此鄉之人仕至大夫者也者以鄉射云大夫若有遵者入門左注云謂此鄉之人爲大夫者也謂之遵者方以禮樂化民欲其遵法之也旣云大夫若有遵明士不得有遵又士立于下不得升堂故知此遵是大夫也云或有無者下文云賓若有遵言若者不定之辭故知或有或無也云來不來用時事耳者言來之與不來事在當時故云用時事耳

賓取俎還授司正司正以降賓從之主人取俎還授弟子弟子以降自西階主人降自阼階介取俎還授弟子弟子以降介從之若有諸公大夫

則使人受俎如賓禮衆賓皆降取俎者皆鄉其席既授弟子皆降復初入之位

疏賓取至皆降○釋曰主人取俎還授弟子弟子以降自西階案燕禮膳宰徹公俎降自阼階與此不同者彼公不降故宰夫降阼階此主人降自阼階故弟子降自西階也○注取俎至之位○釋曰云取俎者皆鄉其席者以其俎在席前鄉席取俎還轉授之故經皆言還授也云既授弟子皆降復初入之位者以其下云揖讓如初升故知此降時亦復初入之位位在東階西階相讓也

說屨揖讓如初升坐說屨者為安燕當坐也必說於下者屨賤不空居堂。說屨主人先左賓先右今文說為稅

疏說屨至升坐○釋曰自此以下至再拜論無筭爵飲酒禮終送賓之事也云如初升坐者謂賓主初入揖讓而升堂升堂雖同前則升堂立此則即席坐與前異也○注說屨至為稅○釋曰云說屨者為安燕當坐也者凡堂上行禮之法立行禮不說屨坐則說屨屨空則不宜陳於側故降說屨然後升坐也云說屨主人先左賓先右者案曲禮云上於東階則先右足上於西階則先左足鄭注云近於相鄉敬也案玉藻著屨之法坐左納右坐右納左今說之亦北面鄉階主人先坐左賓先坐右亦取近為相鄉敬之義

也

乃羞羞進也所進者狗胾醢也鄉設骨體所以致敬也今進羞所以盡愛也敬之愛之所以厚賢也

疏乃羞○注羞進至賢也○釋曰知所進者狗胾醢者案下記云其牲狗禮記又云薦羞不踰牲則所羞者狗胾也但醢是舊作之物諸經又不見以狗作醢則胾必狗也醢則當兼有餘牲也云鄉設骨體所以致敬也今進羞所以盡愛也者骨體貴人不食故云致敬胾醢賤人所食故云盡愛也

無筭爵筭數也賓主燕飲爵行無數醉而止也鄉射禮曰使二○人舉觶于賓與大夫又曰執觶者洗升實觶反奠於賓與大夫皆是

疏無筭爵○注筭數至皆是○釋曰引鄉射禮者證此無筭爵從首至末更從上至下唯醉乃止鄭云皆是者從首至末皆是行無筭爵之義

無筭樂燕樂亦無數或間或合盡歡而止也春秋襄二十九年吳公子札來聘請觀于周樂此國君之無筭

疏無筭樂○注燕樂至無筭○釋曰云燕樂亦無數者亦上無筭爵也案上升歌笙間合樂皆三終言有數此即無也云或間或合盡歡而止也者以其不言風雅故知或間如上間歌用小雅也或合用二南也言或間或合者於後科用其一但不並用也引春秋者彼是國君禮此是大夫禮見其異也但無筭之樂還依尊卑用之案春秋為季札所歌大雅與頌者

但季札請觀周樂魯爲之盡陳又魯周公之後歌樂得與元侯同故無算之樂雅頌並作也

賓出奏陔

陔陔夏也陔之言戒也終日燕飲酒罷以陔爲節明無失禮也周禮鍾師以鍾鼓奏九夏是奏陔夏則有鍾鼓矣鍾鼓者天子諸侯備用之大夫士鼓而已蓋建於阼階之西南鼓鄉射禮曰賓興樂正命奏陔賓降及階陔作賓出衆賓皆出

疏 賓出奏陔○注陔陔至皆出○釋曰云陔陔夏也者周禮鍾師有陔夏故云陔夏也云周禮鍾師以鍾鼓奏九夏者案鍾師云凡樂事以鍾鼓奏九夏王夏肆夏昭夏納夏章夏齊夏族夏祴夏驁夏杜子春云王出入奏王夏尸出入奏肆夏牲出入奏昭夏四方賓來奏納夏臣有功奏章夏夫人祭奏齊夏族人侍奏族夏客醉而出奏陔夏公出入奏驁夏言以鍾鼓者庭中先擊鍾却擊鼓而奏此九夏故云是奏陔夏則有鍾鼓矣云鍾鼓者天子諸侯備用之者鍾師天子禮有鍾鼓大射諸侯禮亦具有鍾鼓故云天子諸侯備用之云大夫士鼓而已者案鄉射云不鼓不釋明無鍾可知此且諸鍾鼓若用九夏則尊卑不同天子則九夏俱作諸侯則不用王夏得奏其肆夏以下大夫以下據此文用陔夏其餘無文云蓋建于阼階之西南鼓者據此奏陔夏之時其鼓約大射建鼓在阼階西南鼓而知無正文故云蓋彼注云鼓不在

東縣南爲君也此鄉大夫無東縣直有一鼓而已故縣在阼階之西南鄉十人也引鄉射者證賓出遠近陔作之義云賓出衆賓皆出者經賓據正賓不言衆賓與介則賓出之時衆賓與介俱出可知

主人送于門外再拜門東西面拜也賓介不答拜禮有終也

疏主人至再拜○注門東至終也○釋曰云門東西面拜也者此約主人迎賓之時門東西面拜今送賓還依此位立也云賓介不答拜禮有終也者於迎賓介時賓介荅拜今送賓主人再拜若賓介荅拜是行禮無終畢故賓介不荅是禮有終也不言衆賓者迎送俱不拜故不言也

賓若有遵者諸公大夫則既一人舉觶乃入不干主人正禮也遵者諸公大夫也謂之賓者同從外來耳大國有孤四命謂之公

疏賓若至乃入○釋曰自此已下至不加席論鄉內有諸公大夫來觀禮主人迎之與行禮事也○注不干至謂之公○釋曰言不干主人正禮者正禮謂賓主獻酢是也是以一人舉觶爲旅酬始乃入若然即是作樂前入而於此篇末乃言之者以其無常或來或不來故於後言之也云遵者諸公大夫也者孤只一人而言諸者參鄭注燕禮云諸公者謂大國之孤也孤一人言諸者容牧下三

監案王制云天子使其大夫監於方伯之國國三人王制所陳是殷法言容者周公制禮時因而不改故云容也云大國有孤四命者周禮典命文謂之公者若天子有三公也

席于賓東公三重大夫再重

席此二者於賓東尊之不與鄉人齒也天子之國三命者不齒於諸侯之國爵為大夫則不齒矣不言遵者遵者亦鄉大夫

疏 席于至再重○注席此至大夫○釋曰言三重再重者席有地可依若衣裳在身一領即爲一重再重三重猶二領三領也云席此二者於賓東者賓在戶牖之閒酒尊又在戶東席此二者又在酒尊之東但繼賓而言耳云尊之不與鄉人齒也者鄉人謂衆賓之席在賓西故云不與鄉人齒案上注云此篇無正齒位之事今此言齒者彼云無正齒位者對黨正飲酒鄉人五十已上九十已下有齒法鄉飲酒貢士以德爲次故云無正齒位之禮此言齒者謂士已上來觀禮乃有齒法云天子之國三命者不齒者案周禮黨正職云國索鬼神而祭祀則以禮屬民而飲酒于序以正齒位壹命齒于鄉里再命齒于父族三命不齒彼是天子黨正飲酒法故知天子之國三命不齒此是天子貢人鄉飲酒法鄭引之爲證者欲見天子鄉飲酒三命不齒同也云於諸侯之國爵爲大夫則不齒矣者以此篇及鄉射皆

云若有大夫不辨命數故知爵爲大夫即不齒也皆謂鄉射鄉飲酒之禮若黨正飲酒則與此異案文王世子云其朝于公內朝則東面北上臣有貴者以齒下文云庶子治之雖有三命不踰父兄鄭注云治之治公族之禮也唯於內朝則然其餘會聚之事則與庶姓同又引黨正飲酒云一命齒於鄉里再命齒於父族三命不齒不齒者特爲位不在父兄行列中但文王世子是諸侯之法即諸侯黨正飲酒還與天子同但諸侯之國一命已上至三命大夫士具有言一命齒於鄉里者公侯伯之士一命與堂下鄉人齒以其士立堂下故也子男之士不命與一命之士同齒於階下子男之大夫一命坐於上與六十已上齒於堂再命齒於父族者謂子男之鄉與公侯伯之大夫以父族爲賓則與之齒異姓爲賓則不與之齒席於尊東三命不齒者謂公侯伯之鄉雖父族爲賓亦不與之齒席於尊東也云不言遵者遵者亦鄉大夫者案上文賓若有遵者與諸公大夫雖文異諸公大夫則遵也故公鄭云遵者諸公大夫也明此經不言遵者亦鄉大夫可知

如大夫入主人降賓介降衆賓皆降復初位

主人迎揖讓升公升如賓禮辭一席使一人

去之 如讀若今之若主人迎之於門内也辭一席謙自同於大夫

疏 公如至去之○釋曰此據諸公大夫入賓介與衆賓皆避之降復西階下東面位○注如讀至大夫○釋曰鄭曰如讀若今之若者前無大夫入直以大夫與主人爲禮是其當公則非當故鄭讀如若今之若謂大夫之於公更無異禮矣云主人迎於門内者以經公如大夫主人不言出故知迎於門内也云辭一席謙自同於大夫者大夫再重公三重故辭去一席同於大夫再重

大夫則如介禮有諸公則辭加席委于席端主人不徹無諸公則大夫辭加席主人對不去加席

加席上席也大夫席再重

疏 大夫至加席○釋曰云大夫則如介禮者以其公如賓故大夫則如介禮主人迎賓賓厭介此公與大夫同入公亦厭大夫故云大夫如介禮云有諸公則辭加席委於席端主人不徹者大夫再重是其正大夫以公在故謙委加席於席端主人不徹也○注加席至再重○釋曰云加席上席也者以其再重三重席皆一種故云上席也記云蒲筵緇布純明無異也以其鄉大夫。賢者公與大夫來觀禮而已故俱加重數更無異席也。公食大夫禮異國之客有別席，是以公食大夫云宰夫設筵加席几，又記云司宮具几與蒲筵常緇布純加萑席尋，又上注云謂三命大夫也，孤爲賓則莞筵紛純加藻席畫純，是與當國之大夫異也。燕禮云司宮筵賓于戸西東上無加席也者，以其燕私故也。大射云司宮設賓席于戸西南面有加席與公侯同者，以其大射辨尊卑故也。

明日賓服鄉服以拜賜。拜賜謝恩惠。鄉服，昨日與鄉大夫飲酒之朝服也。不言朝服，未服以朝也。今文曰賓服鄉服。

疏 明日至拜賜○注拜賜至鄉服○釋曰：鄭知鄉服是朝服者，下記云朝服而謀賓介是也。此賓言鄉服，其鄉射賓言朝服不同者，案鄉射記云大夫與則以公士爲賓，謂在朝著朝服是其常。此賓是鄉人子弟未仕，雖著朝服，仍以鄉服言之，故鄭云不言朝服，未服以朝也。

主人如賓服以拜辱。拜賓復自屈辱也。鄉射禮曰：賓朝服以拜賜于門外，主人不見。如賓服，遂從之，拜辱於門外，乃退。

疏 主人至拜辱○注拜賓至乃退○釋曰：引鄉射者，於此文不具，故引以爲證，明彼此賓主皆不相見，造門外拜謝而已。

主人釋服。釋朝服，更服玄端也。古文釋作舍。

疏 主人釋服○釋曰：自此已下至鄉樂唯所欲，論後日息司

正徵唯所欲更行飲酒之禮○注釋朝至作舍○釋曰言釋朝服更服玄端也者以其昨日正行賓舉飲酒之禮相尊敬故朝服此乃燕私輕故玄端勞也

乃息司正息勞也勞賜昨日贊執事者獨云司正司正庭長也

疏注息勞至長也○釋曰鄭云勞賜昨日贊執事者案下記云主人之贊者西面北上不與鄭注云主人之屬佐助主人禮事徹冪沃盥設薦元缺起出俎者與及也不及謂不獻酒明此時勞可知今獨言司正司正是庭長故獨言之也

無介勞禮略也司正爲賓

疏注勞禮至爲賓○釋曰此勞時司正爲賓當立介以輔賓無介者勞禮略故也

不殺市買若因所有可也不殺則無俎

疏注市買至無俎○釋曰市買無正文鄭以意言之云不殺則無俎者其殺則俎以盛骨體既言不殺故知無俎也

薦脯醢羞同也

疏注羞同也○釋曰以其脯醢與正行飲酒同有此薦故云羞同也

羞唯所有在有何物

疏注在有何物○釋曰羞謂上文正行飲酒之時用狗胾今不殺故言羞唯所有也云在有何物者雜物皆是也

徵唯所欲徵召也

疏注徵召也○釋曰昨日正行飲酒不得與親友故今禮食之餘別召知友故言徵唯所欲也

以

告於先生君子可也告請也先生不以筋力爲禮於是可以來君子國中有盛德者可者召不召唯所欲疏注告請至所欲○釋曰案曲禮云老者不以筋力爲禮此先生老人教學者故云先生不以筋力爲禮於是可以來也云君子國中有盛德者者此君子則曲禮博聞強識敦善行而不殆謂之君子也又玉藻云居士錦帶鄭云居士道藝處士亦一也云可者召不召唯所欲者上文云徵唯所欲上下相成解也

賓介不與禮瀆則褻古文與爲預疏注禮瀆至爲預○釋曰賓介昨日正行禮今又召之則是數數則瀆瀆則不敬故云禮瀆則褻是以不與

鄉樂唯欲鄉樂周南召南六篇之中唯所欲作不從次也不歌鹿鳴魚麗者辟國君也疏注鄉樂至君也○釋曰云鄉樂周南召南者上注以二南爲鄉大夫之樂小雅爲諸侯之樂故知二南也但鄉燕同樂上正行飲酒歌小雅今燕不歌鹿鳴魚麗是避國君也

記鄉朝服而謀賓介皆使能不宿戒鄉鄉人謂鄉大夫也朝服冠玄端緇帶素韠白屨今郡國行鄉飲酒之禮玄端而衣皮弁服與禮異再戒爲宿戒禮將有事先戒而又宿戒疏記鄉至宿戒○釋曰上經

直云主人與先生謀賓介不云服衣不云使能及不宿戒之事故記之也○注鄉人至宿戒○釋曰鄉鄉人謂鄉大夫者以鄉大夫爲主人故知鄉大夫知朝服冠玄端緇帶素韠白屨者玄端即朝服之衣裳又與韠同色屨亦同裳色故知義然也云再戒爲宿戒禮將有事先戒而又宿戒者此即士冠先戒賓及宿是也此直戒而不宿與冠禮異

蒲筵緇布純 筵席也純緣也 疏 釋曰公食記云蒲筵常緇布純此不言常文不具也倍尋曰常丈六尺也

尊綌冪賓至徹之 綌葛也冪覆尊巾 其牲狗也 狗取擇人 亨于堂東北 祖陽氣之所始也陽氣主養易曰天地養萬物聖人養賢以及萬民 疏 注祖陽至萬民○釋曰此據鄉飲酒義而言以正月三陽生之月萬物出地盛於東南故云祖陽氣之所始也引易頤彖辭者義取養賢能而賓舉之事也

獻用爵其他用觶 爵尊不褻用之 疏 注爵尊不褻用之○釋曰案上獻賓獻衆賓等皆用一升之爵至酬及旅酬之等皆用三升之觶以獻爲初相敬故用爵以酬之等皆用爲相勸故用觶是以鄭云爵尊不褻用之也

薦脯五挺○橫祭于其上出

自左房挺猶膱也鄉射禮曰祭半膱膱長尺有二寸在東陽也陽主養房饌陳處也冠禮之饌脯醢南上曲禮曰以脯脩置者左朐右末【疏】注挺猶至右末○釋曰此橫祭于元缺止此其上者於脯爲橫於人爲縮其挺有五通祭者六故鄉射記云薦脯用籩五膱祭半膱橫于上膱長尺二寸則祭半膱者長六寸此脯不言長短者記文不具也云冠禮之饌脯醢南上者欲見此房中之饌亦南上也引曲禮者欲見此脯與曲禮脯羞雖朐挺有異其設之皆橫於人前鄭彼注云屈中曰朐以左手案之右手擘之便

俎由東壁自西階升亨狗既孰載之俎饌於東方【疏】俎由至階升○注亨狗至東方○釋曰亨狗於東方孰乃載之於俎饌陳於東壁既饌於東方恐由東階升故記辯之云自西階升也

賓俎脊脅肩肺主人俎脊脅臂肺介俎脊脅胞胳肺肺皆離皆右體進腠凡牲前脛骨三肩臂臑也後脛骨二膊胳也尊者俎尊骨卑者俎卑骨祭統曰凡爲俎者以骨爲主骨有貴賤凡前貴後賤離猶捘也腠理也進理謂前其本也今文胳作骼【疏】賓主至進腠○注凡牲至作骼○釋曰此序體賓用肩主

人用臂介用胳其閒有臑肫在而介不用者蓋爲○大夫組故此闕焉是以鄉射記云賓組脊脅肩肺主人組脊脅臂肺注云賓組用肩主人用臂尊賓也若有尊者則組其餘體是臑肫爲大夫明矣大夫雖尊不奪賓主正禮故用體卑於主人與賓而尊於介也或有介組肫胳不○言者欲見用體無常若有一大夫即介用肫若有二大夫則介用胳故肫胳兩見亦是也云一脛骨二膞胳也者此皆如特牲少牢不取觳也云祭統者據祭祀歸組之法此據飲酒生○人之禮引之者取一籩骨有貴賤之義以其賓用肩主人用臂介用胳前貴於後也

以爵拜者不徒作

作起也言拜既爵者不徒起起必酢主人

疏 以爵拜者不徒作○注作起至主人○釋曰經直云以爵拜者不徒作鄭知拜既爵者不徒起起必酢主人者以其拜受爵者有不酢主人法故上經衆賓之長一人受爵而不酢主人故此是拜既爵起必酢主人者也

坐卒爵者拜既爵立卒爵者不拜既爵

降殺各從其宜不使相錯雖工不從此禮

疏 坐卒至既爵○注降殺至此禮○釋曰以其工無目不○使立卒爵雖坐卒爵不拜既爵與立卒爵者同故云雖工不從此禮也

凡奠者於左

不飲者不

欲其妨疏凡奠者於左○注不飲至其妨○釋曰奠於左者謂主人酬賓之觶主人奠於薦右客不盡主人之歡奠之於左是不欲其妨後奠爵也將舉於右便也疏將舉於右○注便也○釋曰謂若上文一人舉觶爲旅酬始二人舉觶爲無筭爵始皆奠於右是其將舉者於右以右手舉之便也衆賓之長一人辭洗如賓禮於三人之中復差有尊者餘二人雖爲之洗不敢辭其下不洗疏衆賓至賓禮○注於三至不洗○釋曰此記上主人獻衆賓時主人揖升坐取爵于西楹下降洗爵衆賓長一人降亦進東面辭洗如賓禮是於三人之中復差尊者得辭洗餘二人雖爲之洗不敢辭也云其下不洗者謂其堂下立者不爲之洗獻之而已立者東面北上若有北面者則東上賢者衆寡無常也或統於堂或統於門疏立者至東上○注賢者至於門○釋曰此謂堂下立者鄉人賢者或多或少若少則東面北上統於堂也若多東面立不盡即門西北面東上統於門也樂正與立者皆薦以齒謂其飲之次也尊樂正同於賓黨不言飲而言薦以明飲也既飲皆薦於其位樂正位西階東北面

疏 樂正至以齒○注謂其至北面○釋曰云謂其飲之次也者謂樂正與立者以齒受旅是飲之次也云薦者以先飲乃薦依飲之次而薦之故明飲也必有飲薦相將者案此上經云衆賓偏有脯醢鄭注云以尊獻薦於其位位在下此言樂正與立者皆薦以齒明受獻乃薦薦於衆賓在下者同也

凡舉爵三作而不徒爵

謂獻賓獻大夫獻工皆有薦

疏 凡舉至徒爵○釋曰徒空也謂獻賓獻大夫獻工不空以爵獻之而已皆有薦脯醢

樂作大夫不入

後樂賢者

疏 樂作大夫不入○注後樂賢者○釋曰大夫之入當一人舉觶之後未樂作之前以助主人樂賢若樂作之後後樂賢者故不入也

獻工與笙取爵于上篚既獻奠于下篚

明其異器敬也如是則獻大夫亦然上篚三爵

疏 獻工至下篚○注明其至三爵○釋曰鄭知上篚三爵者以上經初主人獻賓時云取爵於篚降洗獻賓受酢主人奠爵于序端酬賓說又取爵於東序端以獻介受酢說奠爵於西楹南降三拜衆賓說猶升取爵于西楹下獻堂上堂下衆賓說主人以爵降奠于篚是其上篚一爵也此記又云獻工與笙取爵于上篚既獻奠于下篚是上篚二爵

也又鄉射禮獻大夫云主人揖讓以大夫升拜至大夫荅拜主人以爵降洗獻大夫此篇亦有大夫故知上篚有三爵也

其笙則獻諸西階上謂主人拜送爵也於工拜于阼階上者以其坐於西階東也古文無上

【疏】其笙至階上○注謂主至無上○釋曰上經主人獻笙于西階上此記人又言之也○爲拜送送爵而言也故鄭云主人拜送爵也云於工拜于阼階上者以其坐於西階東也者以工坐於西階東主人不得西階上拜送爵故也此笙在西階獻於西階工嫌亦阼階拜送故此明之也

磬階閒縮霤北面鼓之縮從也霤以東西爲從鼓猶擊也大夫而特縣方賓鄉人之賢者從士禮也射則磬在東古文縮爲蹙

【疏】磬階至鼓之○注縮從至爲蹙○釋曰言大夫而特縣者案周禮小胥半爲堵全爲肆鄭注云鍾磬者編縣之二八十六枚而在一虡謂之堵鍾一堵磬一堵謂之肆半之者謂諸侯之卿大夫士也諸侯之卿大夫西縣鍾東縣磬今諸侯卿大夫合鍾磬俱有今直云磬是以鄭云大夫而特縣方賓鄉人之賢者從士禮也云射則磬在東者據鄉射而言避射位故在東與此階閒異也

主人介凡升席自北方降自南方席南

上升由下降由上由便

疏 主人至南方○注席南至由便○釋曰案曲禮云席南鄉北鄉以西方爲上東鄉西鄉以南方爲上鄭注云坐在陽則上左在陰則上右是以主人與介席南方爲上故升由下降由上者便也若然席坐在陰以東爲上者統於主人也

司正既舉觶而薦諸其位司正主人之屬也無獻因其舉觶而薦之

疏 司正至其位○注司正至薦之○釋曰案下文云主人之贊者西面北上不與無筭爵然後與是其無獻也故因舉觶薦諸其位

凡旅不洗敬禮殺也

疏 凡旅不洗○注敬禮殺也○釋曰案上二人舉觶皆爲旅始不可不自絜故洗自此以後旅酬皆不洗故云凡旅不洗也

不洗者不祭不甚絜也

既旅士不入後正禮也既旅則將燕矣

疏 既旅士不入○注後正至燕矣○釋曰旅謂旅酬所酬獻皆拜受故云正禮既旅之後無筭爵行燕飲之法非正禮故士不入後正禮故也

徹俎賓介遵者之俎受者以降遂出授從者以送之

疏 徹俎至從者○釋曰以上文正經賓介遵者之俎直云降自西階無出之文故記之上之必授從者

以其已所當得也　主人之俎以東藏於東方　疏　主人之俎以東〇注藏於東方〇釋曰已上文三云主人授弟子俎弟子以降自西階不言以東故記人辨之云藏於東方者以其主人故云藏之　樂正命奏陔賓出至于階陔作　疏　樂正至陔作〇釋曰陔謂陔夏詩篇名命擊鼓者賓降自西階恐賓醉失禮故至階奏之　若有諸公則大夫於主人之北西面　其西面者北上統於公　疏　若有至北面〇注其西至於公〇釋曰若無諸公則大夫南面西上統於遵也　主人之贊者西面北上不與　贊佐也謂主人之屬佐助主人禮事徹鼎沃盥設薦俎者西面北上統於堂也與及也不及謂不獻酒　疏　主人至不與〇注贊佐至獻酒〇釋曰云西面北上統於堂也者以其主人之屬故也　無筭爵然後與　燕乃及之　疏　注燕乃及之〇釋曰以其主人之屬非主人所敬故無筭爵乃得酒也

儀禮卷第四 經二千六百三十八 注三千九百三十八 儀禮疏卷第十

元缺第七葉今補

大清嘉慶二十一年
用文選樓藏本校

江西督糧道王賡言廣豐縣知縣阿應鱗栞

儀禮注疏卷十挍勘記

阮元撰盧宣旬摘錄

賓北面

謂不及獻酒　浦鏜云及字當衍文

故鄭君連引無算爵旅酬字　通解要義同毛本爵下有與

主人西階上酬介

其酬酢介賓觶　介閩本作并

司正升

則以且字別之　毛本且字作其序徐本作且字與此本合是也集釋作某字通解作且序楊氏敖氏俱作其字皆非也

衆受酬者

今文無衆酬者 毛本者作也徐氏集釋通解俱作者與此本標目合○按衆字疑當作受

弁堂下衆賓 通解要義同毛本下作上

辯卒受者 辯唐石經作辨

引鄉射者 引監本誤作升

司正升自西階

至大禮也 毛本也誤作曰

未得安坐飲食也 食要義作酒

喻無算爵以後坐食 盧文弨改食爲飲

坐以禮謂之殺 浦鏜云行誤以

司正升立于席端 席唐石經楊氏敖氏俱作序徐本集釋通解毛本俱作席石經考文提要曰鄉射禮

亦云升立于序端○按疏內標目云司正至席端疏云即升立于席端皆誤也然單疏本已如是則誤久矣非始于通解

賓降席北○遵者降席席東南面 唐石經徐本集釋通解楊氏敖氏俱重席字石經考文提要曰鄉射禮大夫降席席東南面大夫即遵者也亦疊席字毛本不疊

賓降階至南面 階字疑衍或是席字之誤毛本無階字

言來之與不來 毛本之作者

賓取俎○則使人受俎 受唐石經集釋俱作授

說屨

屨賤不空居堂 空楊本作宜

然後升坐也 閩本通解要義同毛本坐作堂

無筭爵 唐石經徐監同毛本筭作算案此二字諸本錯出後不悉挍

使二人舉觶于賓 徐監葛本集釋通解同毛本二作主楊氏作一

賓出奏陔

此且語鍾鼓 要義作此且論鼓

賓若有遵者

至不加席 浦鏜云不下脱去字

正禮謂賓主獻酢是也 閩本無正禮二字

席于賓東

以德爲次 次閩本作比

此是天子貢人鄉飲酒法 此要義作彼

一命已上至三命 毛本至誤作三

與六十已上齒於堂 通解要義同毛本無與字

公如大夫入○使一人去之 敖氏作主人去之

是其當公則非當 兩當字盧文弨俱改常

大夫則如介禮

以其鄉大夫賢者 賢上閩本有貢字擠入

又上注云 浦鏜云下誤上

明日賓服鄉服以拜賜 通解敖氏俱無上服字朱子曰注云今文曰賓服鄉服明古經文無服今有之衍文也

主人如賓服以拜辱

拜賓復自屈辱也 復集釋楊氏俱作服張氏曰注曰拜賓服自屈辱也按釋文復扶又反近湖北

本作腹訛益甚○按張氏以嚴本爲據楊氏又沿嚴本之誤徐鍾俱不誤

主人釋服

至鄉樂唯所欲 浦鏜云所衍字

故元端勞也 通解毛本無勞字

無介

勞禮畧也 毛本畧下有故字閩本作勞禮殺也

薦脯醢

羞同也 按敖氏注云薦同也雖非引鄭注然竊疑鄭注羞字亦薦字之誤

以告于先生君子可也

則曲禮博聞强識 閩本要義同毛本則作卽

賓介不與

禮瀆則褻 徐本集釋通解楊氏俱作褻與疏合毛本褻作變

古文與爲預 預徐本集釋俱作豫毛本通解作預

記鄉朝服而謀賓介

先戒而又宿戒 又徐本集釋俱作又與疏合通解楊氏毛本俱作復張氏曰注曰先戒而又宿戒按釋文復字注曰而復同此又必復字也

鄉人至宿戒 按人當作鄉

尊綌冪 冪宋本釋文作鼏按當以冪爲正

薦脯五挺 釋文云挺本亦作脡同

挺猶膱也 按今本釋文云猶膱本亦作樴宋本云猶樴本亦作膱張淳識誤載樴字而缺其說蓋從釋文

作從木之樴也

左在東　徐本集釋通解楊氏同毛本在上無左字

以脯脩置者　毛本徐本脩誤作修

與曲禮脯羞　盧文弨改羞爲脩

俎由東壁　壁唐石經作辟誤

賓俎脊脅肩肺○介俎脊脅肫胳肺　胳上唐石經徐本集釋楊氏俱有肫字毛本通解敖氏無朱子曰印本胳上有肫字然釋文無音疏又云有臑肫而介不用明本無此字也成都石經亦誤今據音疏刪去敖氏曰疏云或有肫胳兩言者云云則是作疏之時或本已有兩言肫胳二字者矣是蓋後人妄增之而當時無有是正之者故二本並行其後石經與印本但以或本爲據所以皆誤○按賈云肫胳兩見亦是也又前疏云下有介俎脊脅肫胳仍有肫字則賈氏所據之本雖無肫字亦不以有肫爲非

進腠　釋文作奏云本又作腠同

膊胳也盧文弨改膊爲膞按膞卽肫字說文肫面頯也从肉屯聲膞切肉也从肉專聲皆非脛骨之義蓋假借用之專屯同音膞肫同字今注疏刊本俱誤作膊膊以尃爲聲不得與肫通用周禮醢人豚拍杜子春讀爲膊

以骨爲主徐本集釋通解敖氏同毛本主作上

謂前其本也集釋無其字

葢爲大夫俎毛本爲作以

或有介俎肫胳不言者不敖氏引作兩

此據飲酒生人之禮毛本生作主

坐卒爵者

以其工無目閩本無其字

不使立卒爵通解不上有故字

將舉於右

爲旅酬始 通解要義楊氏同毛本始作使

樂正與立者

以明飲也 以下集釋敖氏俱有薦字

樂作

後樂賢者 毛本後上有則字監本脫則字閩本後下有於字

其笙

此記人又言之也 毛本也作者此本與閩本誤作也

爲拜送送爵而言也 毛本通解不重送字按重者非也

磬

言大夫而特縣者案周禮小胥半爲堵全爲肆小上周禮二字從要義補入毛本云鄭知此是諸侯之卿大夫者案春官小胥掌樂縣之法而云凡縣鐘磬半爲堵全爲肆此乃篇首鄭目錄下疏文通解移置於此而毛本誤從之

鐘磬者縮縣之要義同毛本縣下無之字浦鏜云編誤縮按浦云是也通解亦作編縣無之字

與此階間異也毛本此作兩

既旅士不入

所酬獻皆拜受通解要義同毛本皆下有拜送二字閩本無獻字

徹俎

以送之徐本集釋同毛本無以字通解未刻

若有諸公

統於遵也　遵閩本通解俱作賓

主人之贊者

以其主人之屬故也　閩本要義同毛本之作自

儀禮注疏卷十挍勘記終

奉新余成教挍

儀禮疏卷第十一

儀禮卷第五

唐朝散大夫行大學博士弘文館學士臣賈公彦等撰

鄉射禮第五 疏

鄉射禮第五○鄭目録云州長春秋以禮會民而射於州序之禮謂之鄉者州鄉之屬鄉大夫或在焉不改其禮射禮於五禮屬嘉禮大戴十一小戴及別録皆第五○釋曰鄭云州長春秋以禮會人而射於州序者周禮地官州長職文也鄭引之者證此鄉射是州長射法云謂之鄉者欲見州長射得名鄉射之意云州鄉之屬者周禮大司徒職云五州爲鄉是州屬鄉故云州鄉之屬云鄉大夫或在焉者一鄉管五州州鄉大夫或宅居一州之內則鄭注禮記云或則鄉之所居州黨而鄉大夫來臨此射禮是爲鄉大夫在焉則名鄉射又鄉大夫三年大比興賢者能者訖而以鄉射之禮五物詢衆庶亦行此州長射禮以詢之亦是鄉大夫在焉故名爲鄉射云不改其禮者雖鄉大夫在其禮仍依州長射禮故云不改其禮案經鄉大夫射於庠云堂則由楹外又云堂則物當楣又云大夫用兕中其禮與士射於序別而云不改者大射鄉大夫士射先行鄉飲酒禮及未旅而射爲不改其賓亦有少異也鄭云射禮於

五禮屬嘉禮者案周禮大宗伯云以嘉禮親萬民下有以賓射之禮親故舊朋友故知屬嘉禮也

儀禮　鄭氏注

鄉射之禮主人戒賓賓出迎再拜主人荅再拜乃請主人州長也鄉大夫若在焉則稱鄉大夫也戒猶警也語也出迎出門也請告也告賓以射事不言拜辱此爲習民以禮樂不主爲賓己也不謀賓者時不獻賢能事輕也今郡國行此禮以季春周禮鄉老及鄉大夫三年正月獻賢能之書於王退而以鄉射之禮五物詢衆庶諸侯之鄉大夫既貢士於其君亦用此禮射而詢衆庶乎

疏鄉射至乃請○釋曰自此至無介論州長將射先戒賓之事案大射前三日宰夫戒宰及司馬又射前一日樂人宿縣此不言日數則戒賓與射同日矣禮同鄉飲酒也以其鄉射先行鄉飲酒鄉飲酒戒賓與飲酒同日知此鄉射戒賓與射亦同日也○注主人至庶乎○釋曰案鄉大夫是諸侯鄉大夫則此州長亦諸侯之州長以士爲之是以經云釋獲者執鹿中記云士鹿中是皆爲此州長射而言是諸侯州長可知若天子州長中大夫爲之若然記云大夫兕中者爲鄉大夫詢

衆庶而言也云鄉大夫若在焉則稱鄉大夫也者謂大夫來臨禮之時州長戒賓不自稱稱鄉大夫以戒賓也云出迎出門也者謂出序之學門亦如鄉飲酒出庠門皆有一門入門即至堂耳云不言拜辱者此爲習民以禮樂不主爲賓已也者對鄉飲酒主人戒賓賓拜辱者彼爲賓也非爲習民以禮樂故也云不謀賓者時不獻賢能事輕也者還決鄉飲酒獻賢能故須就先生而謀賓介禮重對此不獻賢能爲輕故不謀賓也云今郡國行此禮以季春者漢時雖無諸侯國而置郡爲守其王之子弟猶名國其君曰相故鄭注禮記云如今從大守相臨之禮是也引之者證時節與周異也云周禮至衆庶皆周禮鄉大夫職文引之者證此鄉射中兼有鄉大夫行射禮故有射於堂及兕中之事云五物者案彼云一曰和二曰容三曰主皮四曰和容五曰興舞鄭注云和載六德容包六行也庶民無射禮因田獵分禽則有主皮主皮者張皮射之無侯也主皮和容興舞則六藝之射與禮樂與當射之時民必觀焉因詢之也是也鄭云和載六德者和是六德之下六德大故舉下以載上也容爲孝者人有孝行則性行含容故以孝爲容孝是六行中之大故舉上以包下故云容包六行也云主皮六藝之射者但六藝。中射揔言諸射不專據主皮但三物教萬民射唯有主皮此詢衆庶不兼士已上故以主皮爲六藝之射以和容爲禮者禮之用和爲貴又行禮有容儀是以漢時謂禮爲容故以禮爲和容也以樂爲與舞者爲樂必興舞故與舞以表樂也若然六德與六行在身所有故可舉少以兼多六藝施於外非獨身所行不可舉一以包六但六者之中御與書數三者。於施化民爲緩故特舉禮樂與射而言之鄭以主皮和容與舞非射及禮樂之正名故云乎以疑也

賓禮辭許主人再拜賓荅再拜主人退

賓送再拜退還射宮省錄射事

疏注退還至射事○釋曰射宮者鄉庠州序是也知省錄射事者即下文云乃張侯之等是也下言飲酒之事知不爲飲酒事者以飲酒者止爲射事故以射爲主也

無介雖先飲酒主於射也其序賓之禮畧

疏無介○注雖先至禮畧○釋曰鄭云雖先飲酒者自此已下先言飲酒獻後乃射以是禮記射義云古者諸侯之射也必先行燕禮卿大夫士之射也必先行鄉飲酒之禮是也但鄉飲酒之禮有介一人以輔賓此無介者主於射序賓之禮畧故無介以輔賓也

乃席賓南面東上不言於戸牖之閒者此射於序

疏乃席至東上○注不言至於序○釋曰自此以下至羹定論將射預前設席位

尊爵樂懸○及張侯之事也云不言於戸牖之閒者此射於序以序者決鄉飲酒在庠以其序無室庠有室此據州長射於序以其無室無戸牖設席亦當戸牖之處耳言東上亦主人在東故席端在東不得以曲禮席南向北向西方爲上因陰陽解之也

衆賓之席繼而西言繼者甫欲習衆庶未有所殊別

疏衆賓至而西○注言繼至殊別○釋曰甫始也言始欲習衆庶未有所殊別此決鄉飲酒三賓之席不屬殊別彼有德之人故各自特不繼有所殊別

席主人於阼階上西面阼階東階

尊於賓席之東兩壺斯禁左玄酒皆加勺篚在其南東肆斯禁禁切地無足者也設尊者北面西曰左尚之也肆陳也

疏尊於至東肆○注斯禁至陳也○釋曰云斯禁禁切地無足者也者案州長是士應言禁制不言者其中兼有鄉大夫禮故舉大夫斯禁與鄉飲酒同云設尊者北面西曰左尚之也者經云左玄酒據人設尊北面故以西爲左若據酒則以南面爲正地道尊右以西爲右玄酒在右故云尚之若然云左據設尊又云尚之據酒尊也

設洗于阼階東南南北以堂

深東西當東榮水在洗東篚在洗西南肆榮屋翼也縣于洗東北西面此縣謂磬也縣於東方辟射位也但縣磬者半天子之士無鍾

疏注此縣至無鍾○釋曰云此縣謂磬也者對大射縣鍾磬鎛具有也云縣於東方辟射位也者此言決鄉飲酒無射事縣於階間也云但縣磬者半天子之士無鍾者案周禮小胥職云半爲堵全爲肆鄭云鍾磬者編縣之二八十六枚而在一虡謂之堵鍾一堵磬一堵謂之肆半之者謂諸侯之卿大夫士也諸侯之卿大夫半天子之卿大夫天子之卿大夫判縣者東西各有鍾磬爲肆諸侯之卿大夫判縣者分一肆於兩廂東縣磬西縣鍾若天子之士特縣者直東廂有鍾磬二虡爲一肆諸侯之士分取磬而已縣於東方爲特縣故云無鍾對大夫及天子士有鍾若然此既兼鄉大夫詢衆庶當爲判縣宜有鍾而揔云無鍾者方以禮樂化民雖大夫亦同士特縣也若鄉飲酒賓鄉人之賢者從士禮也其天子諸侯鍾磬鎛具卿大夫天子士已下亦無鎛知者以其諸侯卿大夫士半天子卿大夫士若有鎛添鍾磬爲三半不得故知卿大夫已下皆無鎛也

乃張侯下綱不及地武侯謂所射布也綱持舌繩

也武迹也中人之迹尺二寸侯乃張至地武○注侯謂象人綱即其足也是以取數焉

疏 至數焉○釋曰此已下論預張侯之事鄭知侯用布案下記云獸侯大夫士皆言布侯則餘賓射大射其侯皆用布此鄉射采侯二正亦用布可知云綱持舌繩也者周禮梓人云上綱與下綱出舌尋縜寸焉注云綱所以繫侯於植者也故云綱持舌繩也云武迹也中人之迹尺二寸者無正文蓋目驗當時而言似云中人定扼圍九寸也漢禮云五武武成步步六尺或據此而言也云侯象人者案鄭注梓人云上下皆出舌一尋者亦人張手之節也以其張侯之法下兩舌半上舌兩頭綱皆出一尋即是上廣下狹象人張足六尺張臂八尺故云象人也云綱即其足也者謂經下綱象足云是以取數焉者以下綱象足張之六尺是取數於武也

不繫左下綱中掩束之 事未至也

疏 不繫至束之○注事未至也○釋曰案下記云東方謂之右个注云侯以向堂爲面也則此左下綱以西畔而言云中掩束之者案記云鄉侯一丈倍中以爲躬躬二丈倍躬以爲左右舌舌四丈兩舌各出一丈又云下舌半上舌則左右各出五尺今將此五尺與下綱不繫者中掩左廂向東待將射乃解之故云事未至也

乏參侯道居侯黨

之一西五步容謂之乏所以爲獲者御矢也侯道五十步此乏去侯北十丈西三丈

疏乏參至五步○注容謂至三丈○釋曰乏參侯道者謂三分侯道云居侯黨之一者黨旁也謂在侯西北邪向之故以旁言之其居旁之一者謂侯道內三分之居一分之地十丈也云西五步者據侯之正北落西有五步即三丈也云容謂之乏者案周禮射人職云王以六耦射三侯三獲三容五正彼據王三侯有三容容者以革爲之可以容身故云容也云乏者謂矢於此匱乏之不去故云乏之也云獲者御矢也者謂唱獲者恐矢至身故云獲者御矢也云侯道五十步者記云鄉侯五十弓弓之下制六尺與步相應故鄭云步也云此乏去侯北十丈者五十步計之步六尺五十步則三十丈三分取一爲十丈云西三丈者經云西五步五六三十故云三丈也遠近如此者一得避矢一得去堂二十丈聞唱獲聲是其節也

羹定肉謂之羹定猶孰也謂狗孰可食

疏羹定○注肉謂至可食○釋曰云謂狗孰者此與鄉飲酒同亨狗於東方是也

主人朝服乃速賓賓朝服出迎再拜

主人荅再拜退賓送再拜速召也射賓輕也戒時玄端今郡國行此鄉射

禮皮弁服與禮爲異

【疏】主人至再拜○釋曰自此至當楣北面荅再拜論主召賓從已之事此主人與賓俱朝服案鄉飲酒賓主俱不言服者以彼賓禮重故戒與速賓俱朝服故不言此習禮輕是故戒時玄端召時乃朝服故須言之也必。此戒時玄端者見公食大夫云賓朝服即位于大門外如聘注云於是朝服則初時玄端宜與彼同皆是戒時不言服後速時朝服故知此亦戒時玄端矣且鄉飲酒戒速俱不言服知皆朝服者下記云鄉朝服而謀賓介是也云今郡國已下引之者欲見與周異也

賓及衆賓遂從之及門主人一相出迎于門外再拜賓荅再拜 相主人家臣擯贊傳命者

【疏】賓及至再拜○注相主至命者○釋曰鄉飲酒云賓及衆賓皆從之彼兼介故云皆此無介故不言皆也云主人一相出迎于門外注與鄉飲酒同此亦主人自迎而言一相者使之傳賓言兼相禮也

揖衆賓 差卑禮宜異

【疏】揖衆賓○注差卑禮宜異○釋曰此賓與衆賓同是鄉人無爵者而云差卑者唯據立爲賓者尊衆賓即不爲卑不論有爵無。也云禮宜異者賓則拜之衆賓則揖之是其異也

主人以賓揖先入 以猶與也先入

入門右西面【疏】主人至先入○注以猶至西面○釋曰云以猶與者案左氏傳云蔡人以吳子與楚人戰于柏舉彼以者能東西之曰以以謂驅使前人之稱此言嫌有驅使之稱故以爲與謂主人與賓是以爲平敵之義故須訓之云先入入門右西面者此注亦與鄉飲酒同以其賓入東面故西面待之

賓厭衆賓衆賓皆入門左東面北上賓少進引手曰厭少進差在前也今文皆曰揖衆賓【疏】賓厭至少進○注引手至衆賓○釋曰此經亦與鄉飲酒同此云賓少進彼亦宜然不言者文不具也

主人以賓三揖皆行及階三讓主人升一等賓升三讓而主人先升者是主人先讓於賓不俱升者賓客之道進宜難也【疏】主人至賓升○注三讓至難也○釋曰言皆行者賓主既行衆賓亦行故云皆行鄉飲酒亦皆行不言者文畧也知主人先讓於賓者經以其主人之法先升導賓賓後升進宜難禮之常然故知主人先讓賓也此先升一等禮之常燕禮君升二等者尊君故也

主人阼階上當楣北面再拜賓西階上當楣

北面荅再拜主人拜賓至此堂疏注主人拜賓至此堂。釋曰知拜是拜至者鄉飲酒義云拜至拜洗公食亦云當楣北鄉再拜故知拜是拜至主人坐。取爵於上篚以降將獻賓也疏主人至以降。注將獻賓也。釋曰自此至主人阼階上荅拜論主人獻賓之事凡取爵于篚以降者皆是上篚鄉飲酒不言上者文略也賓降從主人也主人阼階前西面坐奠爵興辭降重以主人事煩賓也今文無阼階賓對對荅疏賓對。注對荅。釋曰鄉飲酒注云賓主之辭未聞此不注從可知主人坐取爵興適洗南面坐奠爵于篚下盥洗盥手又洗爵致絜敬也古文盥皆作浣賓進東北面辭洗必進者方辭洗宜違位也言東北面則位南於洗矣主人坐奠爵于篚興對賓反位反從降之位也鄉飲酒曰當西序東面主人卒洗壹揖壹讓以賓升賓西階上北面拜洗主人阼階上北面奠爵遂荅拜乃降乃降將更盥也古文壹皆作一賓降主人辭降賓對主人卒盥壹揖壹讓升賓升西階上疑立疑止也有矜莊之色【疏】注疑止至之色○釋曰鄉飲酒注疑讀爲疑然從於趙盾之疑疑正立自定之貌此言疑止也有矜莊之色二注相兼乃具也主人坐取爵實之賓席之前西北面獻賓進酒於賓也凡進物曰獻【疏】注進酒至曰獻○釋曰云凡進物曰獻者欲見此賓乃是鄉民而已無尊卑上下猶言獻者此獻直是進物而言獻進之也案周禮玉府注云古者致物於人尊之則曰獻彼據尊敬前人雖卑亦曰獻若齊侯獻捷於魯之類義與此別也賓西階上北面拜主人少退少退猶少辟也【疏】注少退猶少辟也○釋曰鄉飲酒文與此同注云少退少辟及下文云賓少退注云少退逡巡義亦與此同賓進受爵于席前復位復位西階上位主人阼階上拜送爵賓

少退薦脯醢薦進賓升席自西方賓升降由下也〔疏〕注賓升降由下也○釋曰凡席升由下降由上下文降席不由上者以主人在東敬主人不得降由上又於席西拜便使升降皆由下故云賓升降由下也乃設折俎牲體枝解節折以實俎也主人阼階東疑立賓坐左執爵右祭脯醢奠爵于薦西興取肺坐絕祭卻左手執本右手絕末以祭也肺離上爲本下爲末〔疏〕注卻左至爲末○釋曰鄉皆約鄉飲酒卿之也尚左手嚌之嚌嘗也右手在下絕以授口嘗之興加于俎坐挩手執爵遂祭酒興席末坐啐酒挩拭也啐嘗也古文挩作說降席坐奠爵拜告旨降席席西也旨美也執爵興主人阼階上荅拜賓西階上北面坐卒爵興坐奠爵遂拜執爵興卒盡主人阼階上荅拜賓

以虛爵降將洗以酢主人疏賓以虛爵降○注將洗以酢主人○釋曰自此至賓西階上荅拜論賓酢主人之事鄉飲酒不言虛爵直云降洗此直云虛爵降不言洗互見爲義相兼乃具也主人降從賓也降立阼階東西面當東序疏注從賓至東序○釋曰皆鄉飲酒文也賓西階前東面坐奠爵興辭降主人對賓坐取爵適洗北面坐奠爵于篚下興盥洗賓北面盥洗自外來疏注賓北至外來○釋曰對主人自內出南面是也上文主人坐取爵適洗南面是也主人阼階之東南面辭洗賓坐奠爵于篚興對主人反位反位從降之位也主人辭洗進疏注反位至洗進○釋曰云反位從降之位也者即上東序之西南西位云主人辭洗進者經直言反不言進鄭以言反位由前進乃反位故鄭却本之主人辭洗進也賓卒洗揖讓如初升疏賓卒至初升○釋曰言如初則亦一揖一讓也主人拜洗賓荅

拜興降盥如主人之禮賓升實爵主人之席前東南面酢。主人酢報主人阼階上拜賓少退主人進受爵復位賓西階上拜送爵薦脯醢主人升席自北方乃設折俎祭如賓禮祭薦俎及酒亦嚌啐不告旨酒己物自席前適阼階上北面坐卒爵興坐奠爵遂拜執爵興賓西階上北面答拜自由也啐酒於席末由前降便也疏注自由至便也○釋曰鄭知義然者亦約鄉飲酒得知也主人坐奠爵于序端阼階上再拜崇酒賓西階上答再拜序端東序頭也崇充也謝酒惡相充滿也疏主人坐奠爵于序端○釋曰奠爵于序端此擬下獻衆賓故云取爵于序端與鄉飲酒同也主人坐取觶于篚以降將酬賓【疏】主人至以降○注將酬賓○釋曰自此至當西序論酬賓之事賓降主人奠觶辭降賓對東面立主人坐取觶洗賓不辭洗不辭洗以其將自飲卒洗揖讓升賓西階上疑立主人實觶酬之阼階上北面坐奠觶遂拜執觶興酬勸酒賓西階上北面荅拜主人坐祭遂飲卒觶興坐奠觶遂拜執觶興賓西階上北面荅拜主人降洗賓降辭如獻禮以將酌已【疏】○注以將酌已○釋曰鄭言此者前不辭洗主人自飲至此辭洗以將酌已故辭也升不拜洗酬禮殺也賓西階上立主人實觶賓之席前北面酬賓賓西階上拜主人坐奠觶于薦西賓辭坐取觶以興反

位賓辭辭主人復親酌己【疏】注賓辭至酌己○釋曰此射。前獻時親酌己今復親酌己主人阼階上拜送賓北面坐奠觶于薦東反位酬酒不舉【疏】主人阼階上拜送○注酬酒不舉○釋曰鄉飲酒注引曲禮不盡人之歡之事此不言亦從鄭注可知主人揖降賓降東面立于西階西當西序主人將與衆賓爲禮賓謙不敢獨居堂主人西南面三拜衆賓衆賓皆荅壹拜三拜示徧也壹拜不備禮也獻賓畢乃與衆賓拜敬不能竝【疏】主人至壹拜○注三拜至能竝○釋曰云三拜示徧也辭者衆賓無問多少此爲三拜而已是示徧也云壹拜不備禮也者衆賓人皆一拜是拜不備禮此亦荅大夫拜法以其此禮中含鄉大夫法若荅士拜則亦再拜見於特牲也云獻賓畢乃與衆賓拜者自爾來唯與賓拜未與衆賓拜今始拜之故云敬不能竝主人揖升坐取爵于序端降洗升實爵西階上獻衆賓衆賓之長升拜受者三人長其老者言三人則衆賓多矣國以多德行道藝爲榮何常數之有乎疏主人至三人○注長其至有乎○釋曰衆賓之長升拜受者三人此雖非賓賢能其衆亦三人在堂上與鄉飲酒數同其堂上衆賓無定數故鄭云言三人則衆賓多矣云國以多德行道藝爲榮者案周禮大司徒以鄉三物教萬民一曰六德二曰六行三曰六藝此既鄉人則德行亦據六德六行道藝則六藝也此並與鄉飲酒賓介與衆賓之類並來與在射中是以孔子射於矍相之圃觀者如堵墻彼亦據孔子爲鄉大夫習人以禮樂之射至於誓之於後僅有存焉亦無常數之事也

主人拜送送拜爵於衆賓右疏主人拜送○注拜送至賓右○釋曰知在衆賓右者約鄉飲酒獻衆賓皆於西階上賓右知之也

坐祭立飲不拜既爵授主人爵降復位既盡疏坐祭至復位○釋曰此還上三人者降復賓南東面位

衆賓皆不拜受爵坐祭立飲自第四已下又不拜受爵禮彌畧疏衆賓至立飲○注自第至彌畧○釋曰此謂堂下衆賓無數者故鄭云自第四以下云又不拜受爵禮彌畧者三賓雖坐祭立飲不拜既

爵仍拜受此衆賓非直坐祭立飲不拜既爵又不拜受爵故云禮彌畧也每一人獻則薦諸其席諸於疏每一至其席○釋曰此還據堂上三人有席者故云薦諸其席謂席前也衆賓辯有脯醢薦於其位疏衆賓辯有脯醢○注薦於其位○釋曰還據堂下無席者故鄭云薦於其位不席也主人以虛爵降奠于篚不復用揖讓升賓厭衆賓升衆賓皆升就席疏揖讓至就席○釋曰自此以下至舉觶者降論旅酬之事一人洗舉觶於賓一人主人之吏疏一人洗舉觶于賓○注一人主人之吏○釋曰主人之吏亦謂府史以下非屬官也升實觶西階上坐奠觶拜執觶興賓席末荅拜舉觶者坐祭遂飲卒觶興坐奠觶拜執觶興賓荅拜降洗升實之西階上北面將進奠觶賓拜拜受觶舉觶者進坐奠

觶于薦西不授賤不敢也（疏）注不受賤不敢也○釋曰以其是主人之吏既賤故不敢親授奠之也

賓辭坐取以興若親受然（疏）注若親受然○釋曰云若親受然者賓辭即坐取以興故云若親受然也

舉觶者西階上拜送賓反奠于其所舉觶者降（疏）舉觶至舉觶者降○釋曰云反奠于其所者還於薦西以其射後賓北面舉之爲旅酬故不奠于薦東也

大夫若有遵者則入門左謂此鄉之人爲大夫者也謂之遵者方以禮樂化民欲其遵法之也其士也於旅乃入鄉大夫士非鄉人禮亦然主於鄉人耳今文遵爲僎（疏）大夫至門左○注謂此至爲僎○釋曰云大夫若有遵者言若者或無不定故云若也鄭知是當鄉大夫者以其鄉射旣臭。人行射禮而言大夫者當鄉大夫可知云其士也於旅乃入者下記云士既旅不入明未旅閒皆得入是以未旅而射其士皆在也知鄉大夫士非鄉人禮亦然者以其同是鄉大夫士禮無異故也但異鄉不助主人樂賓爲別也

主人降迎大夫於門內也不出門別於賓（疏）主人降○注迎大夫至於賓○釋曰鄭知迎大夫

於門內者以其上文大夫入門左此經直云主人降不云出故知迎大夫在門內可知賓及衆賓皆降復初位不敢居堂俟大夫入也初位門內東面疏賓及至初位○注不敢至東面○釋曰知初位門內東面者上文賓厭衆賓皆入門左東面北上故知也主人揖讓以大夫升拜至大夫荅拜主人以爵降大夫降主人辭降大夫辭洗如賓禮席于尊東尊東明與賓夾尊也不言東上統於尊也疏主人至尊東○注尊東至尊也○釋曰上云尊於賓席之東則在尊西今大夫言席於尊東明爲賓夾尊可知云不言東上統於尊也者席於尊東繼尊而言又不言東上西上是以下云大夫降席席東南面降由下故知西上統於尊也升不拜洗主人實爵席前獻于大夫大夫西階上拜進受爵反位主人大夫之右拜送大夫辭加席主人對不去加席辭之者謙不以己尊

加賢者也不去者大夫再重席正也賓一席重【疏】升不至加席○注辭之至重席○釋曰云升不拜洗者以大夫尊故不拜洗也云反位者大夫反西階上位云主人大夫之右拜送者謂在大夫之東拜送爵也云辭之者謙不敢以已尊加賢者鄉射之禮鄉人爲賓下記云若大夫與則以公士爲賓亦選賢者爲之故辭加席又不以已尊加賢者也云不去者大夫再重席正也者鄉飲酒云公三重大夫再重故知大夫再重席禮之正也云賓一重席者鄉人故一重縱公士爲賓亦一重也

乃薦脯醢大夫升席設折俎祭如賓禮不嚌肺不啐酒不告旨西階上卒爵拜主人荅拜凡所不者殺於賓也大夫升席由東方【疏】乃薦至荅拜○注凡所至東方○釋曰云凡所謂經中三事以其殺於賓若然上云不拜洗亦是殺於賓之類也云大夫升席由東方者以其大夫席西上升由下故知大夫升席由東方也

大夫降洗將酢主人也大夫若衆則辯獻長乃酢【疏】大夫阼洗○注將酢至乃酢○釋曰自此至皆升升就席論大夫酢主人訖賓主皆升就席之事知大夫若衆則辯獻長乃酢者此經據一大夫

而言故獻大夫即酢案有司徹主人洗爵獻長賓于西階上然後衆賓長升拜受爵宰夫贊主人酌若是以辯乃升長賓主人酌于長賓西階上北面賓在左注云主人酌自酢序賓意賓卑不敢酢賓尸與凡平。飲酒禮同可以相參亦是辯獻長乃酢也

主人復阼階降辭如初卒洗主人盥盥者雖將酌自飲尊大夫不敢褻

疏主人至人盥○注盥者至不敢褻○釋曰云盥者雖將酌自飲者以其下文大夫洗爵升授主人爵是主人酌以自酢故云雖將酌自飲云不敢褻者決有司徹主人自酌不盥是此爲尊大夫雖自酢亦不敢褻也

揖讓升大夫授主人爵于兩楹閒復位

主人實爵以酢于西階上坐奠爵拜大夫荅拜坐祭卒爵拜大夫荅拜主人坐奠爵于西楹南再拜崇酒大夫荅拜主人復阼階揖降將升賓

疏揖讓至揖降○注將升賓○釋曰云主人坐奠爵於西楹南者前獻賓賓酢主人主人飲酢訖奠爵

于東序端將後獻衆賓不得與于篚中此受大夫酬不與于篚者爲士於旅乃入擬獻士故與爵于此也大夫降立于賓南雖尊不奪人之正禮 疏 大夫至賓南○注雖尊至正禮○釋曰大夫尊在堂則席之于尊東特尊之今降而在賓下者欲使賓主相對行禮若在北北則妨賓主揖讓之正禮故云不奪主人之正禮

主人揖讓以賓升大夫及衆賓皆升就席席工于西階上少東樂正先升北面立于其西言少東者明樂正西側階不欲大東辟射位 疏 席工至其西○注言少至射位○釋曰自此至告于賓論作樂之事云席工者謂爲工設席下文乃升席也云言少東者明樂正西側階者既言席工于西階上少東則在西階東矣復云樂正立于其西則近席西其言從近故知樂正側近西階東則不欲大東辟射位大射亦同此注燕禮注亦然者燕亦容有射法鄉飲酒工位與此同注不言者不射故也

工四人二瑟瑟先相者皆左何瑟面鼓執越内弦右手相入升自西階

北面東上工坐相者坐授瑟乃降瑟先賤者先就事也相扶工也面前也鼓在前變於君也執越內弦右手相由便也越瑟下孔所以發越其聲也前越言執者內有弦結手入之淺也相者降立西方

疏工四至乃降○釋曰云四人二瑟則是二人歌可知經不言相歌二人者以其空相亦與瑟者同故不言直言瑟之難者也○注瑟先至西方○釋曰云瑟先賤者先就事也者案大射大師少師歌衆工瑟是知瑟者賤也凡工者皆先瑟後歌是賤者先即事故序亦在前若然得獻亦在前以隨其先後而取之故也云鼓在前變於君也者鄉射與大射相對大射君禮而後首此臣禮前首故云變於君燕禮與鄉飲酒相對是以燕禮面鼓又與鄉飲酒後首相變云執越內弦右手相者案鄉飲酒注云內弦側擔之者據瑟體而言燕禮注云內弦弦爲主者據弦體而說此言內弦右手相由便語異義同也云前越言執者內有弦結手入之淺也者瑟體首寬尾狹內越孔雖長廣狹亦等但弦居瑟上近首鼓處則寬近尾不鼓處弇而狹側持之法近鼓持之入則近手入則深是以通與燕禮言面鼓則云執之手入淺也大射與鄉飲酒言後首則云挎越手入深故也云相者降立西方者其相者是弟子位在西者是以下文云樂正

適西方命弟子贊工遷樂于下故知此相工是弟子故降立還于西方也**笙入立于縣中西面**堂下樂相從也縣中磬東立西面 疏 笙入至西面○注堂下至西面。釋曰云堂下樂相從也者案上文云縣于洗東北西面此云立于縣中明是堂下相從皆在東方也云縣中磬東立西面者謂在磬東當磬之東鄭知不在磬西西面者若磬西西面則笙者背磬不可故知在磬東西面也

乃合樂周南關雎葛覃卷耳召南鵲巢采蘩采蘋不歌不笙不閒志在射畧於樂也不畧合樂者周南召南之風鄉樂也不可畧其正也昔大王王季文王始居岐山之陽躬行召南之教以成王業至三分天下乃宣周南召南之化本其德之初刑于寡妻至于兄弟以御于家邦故謂之鄉樂用之房中以及朝廷饗燕鄉射飲酒此六篇其風化之原也是以合金石絲竹而歌之 疏 乃合至采蘋○釋曰言乃者以其作樂之法先歌後乃合樂今不歌不笙不閒唯合樂故言乃以見非常故也○注不歌至歌之○釋曰據鄉飲酒燕禮作樂有四節今不歌不笙不閒唯有合樂故云志在射畧於樂也云合樂者周南召南之風鄉樂也者上注已云須及大雅天子樂小雅諸侯樂此

二南鄉大夫樂但鄉飲酒鄉射是大夫士爲主人故大夫士樂爲鄉樂者也云不可畧其正也者二南是大夫士之鄉樂已之正樂故云不可畧其正者也云昔大王巳下於鄉飲酒注已說義具於彼此注畧言之耳若然者燕禮與鄉飲酒文同注又與燕禮不異者以其鄉射與鄉飲酒同是大夫士禮鄉大夫士行射禮先行鄉飲酒禮鄉飲酒與鄉射自爲首尾故鄉飲酒注具於此畧言燕禮是諸侯禮天子諸侯射先行燕禮則燕禮與大射自爲首尾是以燕禮歌笙閒合鄭亦具注之大射又畧言之也

工不興告于樂正曰正歌備不興者瞽矇禮畧也

疏 工不至歌備○注不興至畧也○釋曰言正歌者升歌也升歌鹿鳴是上歌諸侯樂非已正樂故以二南爲正歌也言備者凡作樂皆三終此備明亦三終也云不興者瞽矇禮畧也者以工告樂正以卑告尊當興今以瞽矇無目不可責其備禮故不興者於禮畧也

樂正告于賓乃降樂正降者堂上正樂畢也降立西階東北面

疏 樂正至乃降○注樂正至北面○釋曰言告于賓者作樂主爲樂賓今歌備故告賓言歌備也言樂正降者堂上正樂畢也者以其鄉飲酒燕禮但升歌笙閒合樂皆是正歌今畧去升歌笙閒三者唯有合樂於堂上

故云堂上正樂畢也云正樂者對後無筭樂非正樂也下射雖歌騶虞亦是堂下非堂上故以堂上決之也云降立西階東北面者此無正文約堂上樂正位在西階東北面今降亦當在西階東北面也

主人取爵于上篚獻工大師則爲之洗尊之也君賜大夫樂又從之以其人謂之大師

疏生人至之洗〇注尊之至大師〇釋曰自此至反升席論主人獻工笙之事但天子諸侯官備有大師少師瞽人作樂之長大夫士官不備不合有大師君有賜大夫士樂器之法故春秋左氏云晉侯歌鍾二肆取半以賜魏絳魏絳於是乎始有金石之樂禮也時以樂人賜之故鄭云君賜大夫樂又從之以其人謂之大師也

賓降主人辭降大夫不降尊也

疏賓降主人辭降〇注大夫不降尊也〇釋曰云大夫不降尊也者此賓降大夫若降直與賓共文今不言大夫降鄉飲酒亦云賓介不言大夫降明大夫皆不降以其尊故也

工不辭洗

卒洗升實爵工不興左瑟一人拜受爵左瑟辟主人授爵也一人無大師則工之長者

疏工不至受爵〇釋曰此言工不辭洗及一人拜受爵皆上大師也不言大師言

工一人者欲見有大師則大師不辭洗拜受爵若無大師則
凡工不辭洗拜受爵故變言工與一人假令大師在瑟先獻
若歌則後獻亦先獻工一人是以鄭云一人無大師則工之
長者以鄉飲酒獻工時云一人不與受爵注云一人笙之長
者也大師爲歌者未得
獻先獻瑟工之長者也主人阼階上拜送爵薦脯
醢使人相祭人相者【疏】主人至相祭○注人相者○釋
曰云人相者則弟子相之既相
工明祭亦相之可知工飲不拜既爵授主人爵衆工不拜
受爵祭飲辯有脯醢不祭祭飲不與受爵坐祭坐飲【疏】工飲至不
祭○注祭飲至坐飲○釋曰云工飲不拜既爵者還是上一
人拜受爵者雖不拜既爵仍拜受也下衆工又對上一人拜
受爵衆工不拜受爵也鄭云祭飲不與受爵坐祭坐飲者
對上賓主坐祭立飲故云坐祭坐飲亦不拜既爵可知也不
洗遂獻笙于西階上不洗者賤也衆工而不洗矣而著笙不洗者笙賤於衆工正君
賜之猶不洗也【疏】不洗至階上○注不洗至洗也○釋曰云衆工而不洗矣而著笙不洗者笙賤於衆工正君賜

之猶不洗也鄭云此者欲見工在上貴君賜之大師爲之洗笙賤位在下正謂君賜之笙人猶不爲之洗況衆笙乎欲取賜笙人不爲之洗之意不取衆笙不爲洗也

笙一人拜于下盡階不升堂受爵主人拜送爵階前坐祭立飲不拜既爵升授主人爵衆笙不拜受爵坐祭立飲辯有脯醢不祭主人以爵降奠于篚

疏 笙一至于篚○釋曰此經總獻笙人雖賤中亦有尊卑故一人升階受爵餘者不升不拜既爵則同也

反升就席 亦揖讓以賓升衆賓皆升

疏 反升就席○注亦揖至皆升○釋曰云亦揖讓以賓升衆賓皆升者謂亦前大夫若有遵者則入門左主人降賓及衆賓皆降主人共大夫行禮訖主人揖讓以賓升大夫及衆賓皆升就席相似故云亦若然上賓降時雖不言衆賓降衆賓卑從降可知故今從賓升也

主人降席自南方 禮殺由便

疏 主人至南方○注禮殺由便○釋曰自此盡未旅論立司正之事也云禮殺由便者對上文主人受作爵

時禮盛故主人降席自北方啐酒於席席末亦然今此立司正禮殺故降席自南方故云禮殺由便也側降賓不從降疏側降○注賓不從降○釋曰側降猶特降故云賓不從降也作相為司正司爵備樂畢將留賓以事為正禮辭許諾主人再拜司正荅拜有解倦失禮立司正以監之察儀法也詩云既立之監或佐之史疏作相至荅拜○注爵備至之史○釋曰云爵備者謂賓及衆賓與尊者并工笙並得獻是爵備也云樂畢者合樂詑是樂畢以無升笙與閒故不言樂成而云畢而已也云將留賓以事者下有射事射詑行旅無筭之事故須立司正以監之但中閒為射繫變司正為司馬射詑反為司正以監察儀法也引詩者證監與正為一物皆察儀法也主人升就席司正洗觶升自西階由楹內適阼階上北面受命于主人洗觶者當酬以表其位顯其事也楹內楹北疏主人至主人○注洗觶至楹北○釋曰云受命于主人者謂受主人請安賓之命是以下云請安于賓鄭注云傳主人之命也西階上北面請安

于賓傳主人之命賓禮辭許司正告于主人遂立于楹閒以相拜相謂贊主人及賓相拜之辭主人阼階上再拜賓西階上荅再拜皆揖就席為已安也今文揖為升司正實觶降自西階中庭北面坐奠觶興退少立奠觶表其位也少立自脩正慎其位也古文曰少退立

疏司正至少立○注奠觶至退立○釋曰此云北面坐奠觶鄉飲酒亦然者此二者皆臣禮故北面奠觶燕禮大射皆司正南面奠觶者彼是君禮欲取還不背君故南面奠觶故大射云南面坐奠觶興右還北面少立坐取觶興坐不祭卒觶奠之興再拜稽首左還南面坐取觶洗南面反奠于其所北面立注云皆所以自昭明於衆也將於觶南北面則右還於觶北南面則左還如是得從觶西往來也必從觶西往來者為君在阼不背之也又取威儀多此及鄉飲酒在阼非君直北面奠觶又威儀簡故也

進坐取觶興反坐不祭遂卒觶興坐奠觶拜執觶興

洗北面坐奠于其所今文坐取觶無進又曰坐奠之拜興少退北面立于觶南立觶南亦其故擯位【疏】興少至觶南○注立觶至擯位○釋曰云立觶南亦其故擯位者案上未有擯位此云擯位者案射禮云擯者退中庭是擯者在中庭有位燕禮大射皆擯者爲司正則此鄉射及鄉飲酒云作相爲司正相即擯者也故知觶南者中庭故擯位也

未旅旅序也未以次序相酬以將射也旅則禮終也【疏】未旅○注旅序至終也○釋曰旅眾也而言序者謂眾以次序相酬必於未旅而射者旅則醉禮終恐不得射故於未旅而射也此大夫士禮將射先行鄉飲酒○行旅酬而已故射前未旅而射後乃始行旅酬燕禮大射國君禮故先行燕禮雖行一獻以其辨尊卑故行四舉旅大射主爲射故再拜訖即射燕禮主爲燕故三舉旅乃射彼皆與此不同也

三耦俟于堂西南面東上司正既立司射選弟子之中德行道藝之高者以爲三耦使俟事於此【疏】三耦至東上○注司正至於此○釋曰自此已下盡樂正北面立于其南論三番射事鄭知司正既立司射即選弟子之中爲三耦俟事於此者經云俟於堂西明此時始選故知既立司正

司射乃選弟子使俟事於此也故記云三耦者使弟子司射前戒之注云弟子賓黨之少者也前戒謂先射請戒之

司射適堂西袒決遂取弓于階西兼挾乘矢升自西階階上北面告于賓曰弓矢既具有司請射

司射主人之吏也於堂西袒決遂者主人無次隱蔽而已袒左免衣也決猶闓也以象骨爲之著右大擘指以鉤弦闓體也遂射韝也以韋爲之所以遂弦者也其非射時則謂之拾拾斂也所以蔽膚斂衣也方持弦矢曰挾乘矢四矢也大射曰挾乘矢於弓外見鏃於弣右巨指鉤弦古文挾皆作接

疏 司射至請射○注司射至作接○釋曰云司射取弓于階西兼挾乘矢者以其司射之弓矢豫陳於西階故司射於堂西袒決遂訖即取弓矢於階西是以下記云司射之弓矢與升倚于西階之西是也云有司請射者此有司謂司馬故大射云司射自阼階前曰爲政請射注爲政謂司馬司馬政官主射禮諸侯之州長無司馬官直言有司請射以比司馬也云司射主人之吏也者大射諸侯禮有大射正爲長射人次之司射又次之小射正。次之皆是士爲之則此大夫士禮不得用士故知是主人之吏爲之可知云於堂西袒決遂者主人無次隱蔽而已者此對大射人君禮有次在東方不須適堂西也云袒左免衣也知袒左者凡事無問吉凶皆袒左是以士喪主人左袒此及大射亦皆袒左不以吉凶相反唯有受刑袒右故覲禮云乃右肉袒于廟門之東注云右肉袒者刑宜施於右是也云決猶闓也以象骨爲之者大射注亦然案繕人云掌王之用弓弩矢箙矰弋決拾鄭注云士喪禮決用正王棘若檡棘則天子用象骨與無正文故引士喪禮又言與以疑之若然諸侯及大夫生用象死用棘天子無問死生皆用象者蓋取其滑也云著右大擘指以鉤弦闓體也知者以右巨指鉤弦故知著於右大擘指也以右擘著極是以大射云朱極三注云以朱韋爲之三者食指將指無名指是也云遂射韝也以韋爲之以遂弦者也者大射注亦云遂射韝也以朱韋爲之著左臂所以遂弦也云其非射時則謂之拾拾斂也所以蔽膚斂衣也者此篇及大射將射云袒決遂射訖則云說決拾於公雖射亦謂之拾故大射云公就物小射正奉決拾以笥大射正執弓皆以從於物彼亦臨時而云拾以公射袒朱襦言拾以見斂衣故變文以見義也云所以蔽膚斂衣也者言蔽膚據士斂衣據大夫已上是以下記大夫與士射袒薰襦燕禮記云君射袒朱襦若對君大夫亦與士同亦蔽膚也云方持弦矢曰挾知者

下記云凡挾矢於二指之閒横之是言其方可知引大射挾乘矢於弓外見鏃於弣是其方也若側持弓矢則名執故下文云司射猶袒決遂左執弓右執一个兼諸弦面鏃注云側持弓矢曰執面猶尚也幷矢於弦尚其鏃是也云乘矢四矢也者下云司射搢三挾一个又詩云四矢反兮是四矢曰乘凡物四皆曰乘也引大射者欲見挾爲方持弦矢

賓對曰某不能爲二三子許諾言某不能謙也二三子謂衆賓已下

疏 賓對至許諾○注言某至已下○釋曰二三子謂衆賓以下者謂除三耦之外通射者而言故云謂衆賓以下也若然投壺禮賓固辭乃許者彼因燕而爲之再辭乃許此爲衆習禮不專爲已故一辭即許大射不請者彼爲擇士而射故不須云許直告射節而已此爲衆庶習禮故云爲二三子許諾亦一辭而許也

司射適阼階上東北面告于主人曰請射于賓賓許司射降自西階階前西面命弟子納射器弟子賓黨之年少者也納內也射器弓矢決拾旌中籌楅豐也賓黨東面主人之吏西面

疏 司射至射器○注弟子至西面○釋曰鄭知弟

子是賓黨之年少者以其賓黨西方東面今以西面命之明是賓黨是以鄭云賓黨東面主人之吏西面也言弟子故知少者知射器弓矢以下者並案下文所陳用者知之也云賓黨東面主人之吏西面者案投壺賓黨及主黨皆爲弟子皆得與投壺者彼燕法主歡心故皆與今此射與鄉人習禮鄉飲酒同上下經文黨皆不與也

乃納射器皆在堂西賓與大夫之弓倚于西序矢在弓下北括衆弓倚于堂西矢在其上上堂西廉矢亦北括

疏乃納至其上○注上堂至北括○釋曰云賓與大夫之弓倚于西序矢在弓下北括衆弓倚于堂西矢在其上者以其序在堂上故矢在弓下堂西矢在堂上隨其弓在堂下隨其所宜而已云上堂西廉者以其在堂西故矢在上者還在堂上之廉稜也云矢亦北括者其在堂上西序者北括故知堂下者於上亦北括也

主人之弓矢在東序東亦倚于東序也矢在其下北括

疏主人至序東○注亦倚至北括○釋曰上賓大夫弓矢在西序矢在北括此主人弓矢如上也

司射不釋弓矢遂以比三耦於

堂西三耦之南北面命上射曰某御於子命下射曰子與某子射比選次其才相近者也古文曰某從於子

疏 司射至子射○注比選至於子○釋曰言遂以者司正因上階前令弟子納射器不釋弓矢遂比三耦因。曰遂故云遂以也云比選次其才相近者也者才雖各自用乃因選其力相近為宜也

司正為司馬兼官由便也立司正為涖酒爾今射司正無事

疏 司正為司馬○注兼官至無事○釋曰言兼官者若以諸侯對大夫大夫兼官諸侯具官特以諸侯對天子天子具官諸侯兼官各有所對故云兼官云由便也者使司正為司馬不煩餘官也案射義云孔子射於矍相之圃射至於司馬使子路執弓矢出延射又使公罔之裘序點揚觶而語但此篇是州長春秋習射法兼士有鄉大夫三年貢士之後以五物詢衆庶射於庠鄉大夫五物詢衆而引孔子射於矍相之事則孔子魯之鄉大夫也以其天子鄉卿大夫。為之諸侯鄉大夫使下大夫為之是其差也但鄉飲酒之禮二人舉觶為無筭爵據此篇未旅先射射訖行旅酬酬訖賓始二人舉觶為無筭爵未射一時詢衆庶得使公罔之裘序點二人揚觶者揚觶實在射後一酬訖始行

之今孔子詢衆庶之時借取無筭爵時於旅也語故使公罔之裘序點二人揚觶以詢衆庶此篇司射恒執弓矢子路亦執弓矢則子路爲司射也射於矍相時云射至司馬此文又云司正爲司馬則使子路詢衆庶時當此節也

司馬命張侯弟子說束遂繫左下綱事至也今文說皆作稅

疏 司馬至下綱○注事至也○釋曰上張侯時不繫左下綱中掩束之今弟子說其束不致地遂繫左下綱於植事至故也

司馬又命獲者倚旌于侯中爲當負侯也獲者亦弟子也謂之獲者以事名之

疏 司馬至侯中○注爲當至名之○釋曰案下記云司馬階前命張侯遂命倚旌以記言之司馬命張侯與命倚旌其事相因故云遂明同是西階前也云爲當負侯也者下云司馬命獲者執旌以負侯是也知獲者亦弟子者堂下位主人之黨在東賓黨在西下云獲者由西方坐取旌倚于侯中言由西方是賓黨弟子可知亦上張侯者也云以事名之者以其唱獲故名獲者也

獲者由西方坐取旌倚于侯中乃退樂正適西方命弟子贊工遷樂

于下當辟射也贊佐也遷徙也弟子相工如初入降自西階阼階下之東南堂前三笴西面北上坐笴矢幹也今文無南疏弟子至上坐○注笴矢幹也○釋曰言如初入者亦如上升堂時相者亦在左何瑟面鼓內弦右手相如入升時也云笴矢幹也者案矢人注矢幹長三尺是去堂九尺也樂正北面立于其南北面鄉堂不與工序也疏樂正至其南○注北面至序也○釋曰云不與工序也者工西面北上以南北為序樂正北面則東西為列故云不與工序也

儀禮疏卷第十一

江西督糧道王賡言廣豐縣知縣阿應鱗栞

儀禮注疏卷十一挍勘記　阮元撰盧宣旬摘録

鄉射禮第五

大射鄉大夫士射　上射字要義俱作判毛本通解作射鄉陳閩要義俱作鄉毛本作卿

鄉射之禮

鄉大夫若在焉　毛本鄉誤作卿

彼爲賓也　浦鏜云賓當已字誤

故須就先生而謀賓介　陳閩要義同毛本生作王○按作生是也

漢時雖無諸侯　要義無諸字

其王之子弟　毛本王誤作上

但六藝中射　毛本通解藝下有之字

於施化民爲綏　浦鏜改於施爲皆於

故云乎以疑也　毛本乎作與也作之

賓禮辭許

乃張侯之等是也　毛本是誤作事

乃席賓南面東上

樂懸及張侯之事也　毛本懸作縣○按懸是俗字

云不言於戶牖之間者　毛本牖作牗下同

衆賓之席

此決鄉飲酒三賓之席　毛本決誤作沃

故各自特　陳閩要義同毛本特作持

尊於賓席之東

則以南面爲正通解同毛本正作上

縣於洗東北

對大射縣鐘磬鎛具有也毛本鎛作鏄當作鎛按凡鏄字諸本或誤或否參差不一今不具按

此言毛本言下有射字

亦無鎛鎛陳閩俱作鐘

乃張侯

縜寸焉通解要義俱作縜盧文弨云周禮釋文縜子貧反或九粉反劉矦犬反一音古犬反是別本有作絹字者故劉音矦犬反朱子亦云縜與絹字異音同或是義同之譌毛本於他卷亦作絹○按盧引釋

文有脫誤今據元文正之縜乃正字載在説文自當從縜爲是集韻絹熒絹切射侯綱紐則縜之誤爲絹其來久矣

葢目驗當時而言 陳本要義同毛本目作考

中人定扼圍九寸也 定浦鏜改作之盧改作之足非也

上下皆出舌一尋者 皆閩本誤作者要義無一字

不繫左下綱

東方謂之右个注云 通解要義同毛本注下無云字

倍躬以爲左右舌舌四丈 要義俱重舌字毛本不重○按重舌字是也

之參侯道

恐矢至身 要義同毛本通解至下有其字

羹定

猶孰也徐本通解俱作孰下同毛本作熟按此二字諸本錯出宜從孰後不具按

主人朝服

自此至當楣北面荅再拜毛本面作而荅作各陳閩監本要義而俱作面要義各作荅

必此戒時元端者必下要義有以字

鄉朝服而謀賓介是也要義同毛本介作戒○按作介與鄉飲酒記合

揖衆賓

衆賓卽不爲耳不論有爵無也毛本卽下無不字無下有爵字

主人以賓揖

故西面待之　陳閩要義同毛本待作侍

主人以賓三揖

禮之常然　要義同毛本常作當要義然作法

燕禮君升二等者　要義同毛本二作一

主人坐取爵於上篚　通解無坐字

主人坐取爵

飲潔敬也　飲徐陳通解俱作致

主人坐奠爵于篚

當西序東面　徐本通解敖氏同毛本面作西

主人坐取爵實之賓席之前　敖氏曰席之當作之席

進酒於賓也毛本通解進下無酒字

注進酒至曰獻毛本酒作於

而言獻進之也陳本通解要義同毛本獻進作進獻

賓西階上北面拜

猶少辟也少釋文作小

注少退猶少辟也陳閩監本同毛本猶少作至

賓升席自西方

注賓升降由下也毛本降由作至陳閩監本俱作降由按以上二條毛本欲與監本字位均齊故減字以就之耳

賓以虛爵降

將洗以酢主人 酢釋文要義俱作醋說見後

主人阼階之東南面

注反位至洗進 毛本洗進作進也

主人拜洗○東南面酢主人 酢要義作醋注同魏氏曰賓以虛爵降注將洗以醋主人賓東南面醋主人注醋報經與注以酢爲醋唯此○按如魏氏說則醋字經一見注兩見也釋文云醋主才各反報也劉云與酢同音義此當爲前注作音而不言下同則此節經注釋文仍作酢歟

主人阼階上拜

亦嚌啐 徐陳通解同毛本嚌作齊

賓降

以其將自飲 毛本其誤作兵

賓西階上立○北面 北葛閩監本俱誤作不

賓西階上拜

此射前獻時親酌已 浦鏜改射爲辭

主人西南面○衆賓皆荅壹拜 徐本通解要義同敖氏毛本壹作一石經補缺亦誤作一

以其此禮中含卿大夫法 卿要義作鄉

則亦再拜 亦下要義有無字

主人揖

其堂上衆賓無定數 要義同毛本上作下陳閩衆俱作與○按毛本是

衆賓辯有脯醢

不席也 毛本不下有云字

升賔觶西階上　賓石經補缺葛閩俱作賓

大夫若有遵者

既與人行射禮　人上補鏜增鄉字

主人降

故知迎大夫在門內可知　毛本在作於

主人揖讓

降由下　通解同毛本下作上

升不拜洗

謙不以已尊加賢者也　按不下疏有敢字

大夫降洗

主人酌于長賓西階上 毛本酌下有酢字○按酢字當有

賓尸與凡平飲酒禮同 毛本平作卑

大夫降

若在北北 要義同毛本北北作其北○按毛本是也

故云不奪主人之正禮 要義同毛本無主字

工四人

越瑟下孔 毛本孔誤作此

云四人二瑟 要義毛本云下有工字

以隨其先後而取之故也 浦鏜云取疑次字誤

鄉射與大射相對 通解要義同毛本射作飲

但弦居瑟上　弦通解作越

乃合樂

躬行召南之教以成王業　徐本同通解毛本無召南之教四字瞿中溶云燕禮注有此四字此亦宜有

卿大夫士行射禮　閩本要義同毛本卿作鄉

則燕禮與大射　陳閩俱無則燕禮三字

工不興

瞽矇禮略也　矇諸本俱誤作朦疏同唯徐本不誤

言備者　備陳本作葡

樂正告于賓　張爾岐曰監本樂字誤細書混疏文内

唯有合樂於堂上　毛本有誤作付

主人取爵于上篚

自此至反升席　要義同毛本升下有就字

賓降

鄉飲酒亦云賓介　毛本介作降○按毛本是

工不辭洗

辟主人授爵也　辟陳閩監葛俱誤作辭

一人笙之長者也　浦鏜據鄉飲酒注改笙爲工刪者字○按此涉一人拜盡階不升堂受爵注文而誤浦鏜是也

不洗

而著笄不洗者 徐本同毛本通解著作衆

而著笄不洗者 毛本著作衆

反升就席

上賓降時 毛本時誤作詩

作相爲司正

爲有解倦失禮 釋文徐陳通解同毛本解作懈

但中閒爲射繫 陳閩通解俱無繫字

未旅 未徐本作末注同恐誤

禮終恐不得射 終恐誤倒

行旅酬而已 毛本行上有後字要義旅下衍酢字

以其辯尊卑　辯陳本作辨

故再拜訖卽射　盧文弨改拜爲獻

司射適堂西

右巨指鉤弦　右諸本俱誤作南唯徐本與毛本同作右

以其司射之弓矢　要義同毛本司作同

司射之弓矢與扑　扑陳本作朴按此字當从手若从木則爲厚朴字矣諸本有从木者皆誤

後放此

小射正奉之　通解要義同毛本正下有又字

決用正王棘若檡棘　檡諸本俱作擇似誤

著左臂　臂通解要義同毛本臂作擘○按大射儀注正作

小射正奉決拾以笥　陳閩通解要義同毛本奉作舉○按大射儀正作奉

司射適阼階上

籌楅豐也　楅監本誤作福後並同

乃納射器

注上堂至北括　今本俱脫此六字

隨其弓在堂下　監本同毛本下作上陳閩俱無此六字

司射不釋弓矢

因曰遂　浦鏜云因當脫事字

司正爲司馬

天子具官　閩本無天子二字

以其天子鄉卿大夫爲之本毛本卿字在夫字下○按毛本是

儀禮䟽卷第十二

唐朝散大夫行大學博士弘文館學士臣賈公彦等撰

司射猶挾乘矢以命三耦各與其耦讓取弓矢拾猶有故之辭拾更也䟽司射至矢拾○注猶有至更也○釋曰自此盡取扑搢之以反位論司射誘射教三耦射法之事大射有次三耦取弓矢於次注云取弓矢不拾者次中隱蔽處則此無次取弓矢拾者拾更也遮取弓矢見威儀故也云猶有故之辭者前已云司射兼挾乘矢此云猶是有故之辭云此者欲見司射恒執弓矢未改之意

三耦皆袒決遂有司左執弣右執弦而授弓有司弟子納射器者也凡納射器者皆執以俟事䟽三耦至授弓○注有司至俟事○釋曰前有司請射解爲司馬此有司爲弟子者以有事者皆有司故鄭注解上有司請射與大射爲政請射同故解爲司馬此經以納射器使弟子不見出文則弟子執射器入者即使守之以授用者故知有司還是弟子是以鄭云凡納射器者皆執以俟事

遂授矢受於納矢而授之疏遂授矢○注受於至授之○釋曰此授矢者則上文有司授弓者以其弟子執弓矢故授弓訖復授矢是以鄭云受於納矢而授之三耦皆執弓搢三而挾一个未違俟處也搢插也搢插於帶右疏三耦至一个○注未違至帶右○釋曰上云三耦俟于堂西又云遂以比三耦於堂西此云三耦皆執弓搢三而挾一个前後皆因前位去未違俟處下文乃云三耦皆進由司射之西立于其西南東面北上是移本位者也云搢插也插於帶右者以其左手執弓右手抽矢而射故知插於帶右故詩云左旋右抽是也司射先立于所設中之西南東面三耦皆進由司射之西立于其西南東面北上而俟司射東面立于三耦之北搢三而挾一个爲當誘射也固東面矣復言之者明卻時還疏司射至一箇○注爲當至時還○釋曰云固東面矣復言之者明卻時還者司射先在中西南東面今三耦立定司射卻來向三耦之北東面明司射卻時右還西南東面也揖

進當階北面揖及階揖升堂揖豫則鉤楹內鉤楹繞楹而東也序無室可以深也周立堂則由楹外當左物北面揖四代之學於國而又以有虞氏之庠為鄉學鄉飲酒義曰主人迎賓於庠門外是也庠之制有堂有室也今言豫者謂州學也讀如成周宣謝災之謝周禮作序凡屋無室曰謝宜從謝州立謝者下鄉也左物下物也今文豫為序序乃夏后氏之學亦非也

疏揖進至面揖○注鉤楹至非也○釋曰凡行射禮耦耦各相對揖故司射誘射發東面位揖進◦當西階北面揖及階揖升堂揖訖東行向兩楹間物須過西◦楹是以豫則鉤楹內北過以記云序則物當棟物近北故過由楹北也堂則由楹外過而東行以記云堂則物當楣物近南故過由楹南也云當左物者以南面為正東為左物北面又揖也云鉤楹繞楹而東也者北而東也云序無室可以深也者據州立序而言云周立四代之學於國者案王制云有虞氏上庠下庠夏后氏東序西序殷人左學右學周人東膠虞庠周立四代者通已為四代但質家貴右故虞殷大學在西郊小學在國中文家貴左故夏周大學在國中王宮之東小學在西郊周所立前代學者立虞夏殷三代大學若然則

虞氏上庠則周之小學爲有虞氏之庠制在西郊也立殷之右學則瞽宗周立之亦在西郊立夏后氏之東序則周之東膠立在王宮之東以其改東序爲東膠東膠二代名故云周立四代學文王世子亦論四代學中學樂之事云而又以有虞氏之庠爲鄉學者與周立虞庠同制故引鄉飲酒義爲證鄉立庠之義也云庠之制有堂有室也者則此篇云堂則由楹外又記云堂則物當楣是也論語云由也升堂矣未入於室室堂相將有室必有堂言此者見庠則室堂俱有對榭則有堂無室也云今言豫者謂州學也者周禮地官州長職云春秋以禮會民而射于序是也云讀如成周宣榭災之榭者案宣公十六年經書成周宣榭火彼雖不據學以其無室與爾雅無室曰榭同故引以爲證也云周禮作序者據州長職文云凡屋無室曰榭宜從榭者鄭廣解榭名爾雅云闍謂之臺有木者謂之榭及成周宣謝及此州立謝皆是無室故云凡以該之不得從豫及序故云宜從榭也云州立榭者下鄉也者以其鄉之庠有室有堂州謝則有堂無室故云下鄉也云今文豫爲序序乃夏后氏之學亦非也不從今文者以其虞庠夏序皆是有室州之序則無室故云非言亦者古文爲豫已非今文作夏后氏之序亦非若然禮記學記及州長職并下記皆作序鄭不破之者以鄉立虞庠依虞有室州立夏

序去室猶取序名是以鄭注州長云序州黨之學也故不破之也**及物揖左足履物**方猶併也志在於射左足至右足還併足則是立也南面視侯之中

不方足還視侯中俯正足

疏及物至正足○注方猶至其足○釋曰云志在於射者解足未正先乃俯視併正其足視侯中之意言左足至者解左足履物也右足還併足則是立也者解經不方足還及正足之言若然云還時兼視侯中也此不言畫物早晚案大射納射器之下即言工人士與梓人升自北階兩楹間疏數容弓若丹若墨度尺而午此不言者畢者文略亦當在納射器後即畫之也

不去旌以其不獲

疏不去旌○注以其不獲○釋曰以其旌擬唱獲今以三耦誘射不唱獲故不去旌也

誘射誘猶教也**將乘矢**將行也行四矢象有事於四方

疏將乘矢○注將行至四方○釋曰云象有事於四方者詩云四矢反兮以御亂兮是四矢有事於四方

執弓不挾右執弦不挾矢盡

疏執弓至執弦○注不挾矢盡○釋曰案上文司射將射時云搢三而挾一个又云將乘矢故知矢盡空執弦也

南面揖揖如升射降

出于其位南適堂西改取一个挾之改更也不射而挾之亦有事也今文曰適序西疏南面至挾之○釋曰云出于其位南適堂西者上文司射位設于所設中之西南東面今乃適位南面北適適堂西者取教衆耦威儀之法故也云改取一个挾之者此不在西階而在堂西故適堂西即云改取一个也

遂適階西取扑搢之以反位扑所以撻犯教者書云扑作教刑疏遂適至反位○注扑所至教刑○釋曰引書者舜典文也彼謂教學之刑此為教射法教雖不同用扑是一故引為證也

司馬命獲者執旌以負侯欲令射者見侯與旌深有志於中疏司馬至負侯○注欲令至於中○釋曰自此盡搢扑論三耦爲第一番射法云欲令射者見侯與旌深有志於中者凡射主欲中侯使獲者舉旌唱獲以是豫使見之望深有志於中也

獲者適侯執旌負侯而俟俟待也今文俟爲立疏獲者至而俟○釋曰俟待也而待者謂待司馬命去侯

司射還當上耦西面作上耦射還左還也作使也疏

司射至耦射。○注還左還也。○釋曰知左還者經云還當上耦上耦位在司射之西南東面司射還欲西面與上耦相當故知左還迴身當之取便可知也

司射反位上耦揖進上射在左並行當階北面揖及階揖上射先升三等下射從之中等中猶閒也

疏司射至中等。○釋曰云司射反位者反中西南東面位也

上射升堂少左下射升上射揖並行並併也併東行

疏上射至並行。○注併東行。○釋曰知併行併東行者以其既言升乃言併行故知併東行向物也云少左者言上射先升少左避下射升階也

皆當其物北面揖及物揖皆左足履物還視侯中合足而俟司馬適堂西不決遂袒執弓不決遂因不射不備

疏皆當至執弓。○注不決至不備。○釋曰皆左足履物者謂先以左足履物東頭合足而俟司馬命去侯云因不射不備此決司射誘射行事袒即決遂執弓挾矢今司馬不射故不備直袒而

已也若然大射司馬正不射而袒又復決遂者彼大射志於射故司馬正雖不射袒復決遂以其不爲射仍不挾矢也

出于司射之南升自西階鉤楹由上射之後西南面立于物間右執籥南揚弓命去侯鉤楹以當由上射者之後也籥弓末也大射曰左執弣揚猶舉也

疏 出于至去侯○注鉤楹至舉也○釋曰鉤楹者於西楹西而北東行過由上射之後乃西南面立于物間者欲取南揚弓向侯便故也右執籥者不可一手揚弓故引大射曰左手執弣左當御手則右執籥者右當覆手也

獲者執旌許諾聲不絕以至于乏坐東面偃旌興而俟聲不絕不以宫商不絕而已鄉射威儀省偃猶仆也

疏 獲者至而俟○注聲不至仆也○釋曰云而俟者待射者發矢當坐故下云獲者坐而獲也云鄉射威儀省者決大射云負侯皆許諾以宫趨直西及乏南又諾以商至乏聲止是其唱諾爲宫商是其威儀多此不者威儀省故也

司馬出于下射之南還其後降自西階

反由司射之南適堂西釋弓襲反位立于司射之南圍下射者明爲二人命去侯疏司馬至之南○注圍下至去侯○釋曰司馬由上射之後立於物間命去侯訖物間南行西向適階降是其順矣今命去侯訖乃圍下射之後繞下射之東南行而適西階去若出物間西行則似直爲上射命去侯是以幷下射圍繞之明爲二人命去侯也司射進與司馬交于階前相左由堂下西階之東北面視上射命曰無射獲無獵獲上射揖司射退反位射獲謂矢中人也獵矢從傍。疏司射至反位○注射獲至從傍○釋曰云交于階前相左者既云司射與司馬交于階前相左乃云由堂下西階遶東北面則相左之時在西階之西司馬由北而西行司射由南而東行各以左相迎故云相左也司射既不升堂不得云司射向北司馬向南而相左也云射獲謂矢中人也者人謂獲者亦以事名云獵矢從傍者謂從乏傍也乃射上射既發挾弓矢而后下射射拾發以將乘矢古文而后作後非也孝經說然后曰后后者後也當從后〇疏乃射至乘矢〇注古文至從后〇釋曰引孝經說取孝經緯援神契文彼說孝經云然後能保其社稷之等皆作後后者後也故不從古文後是以云當從后

獲者坐而獲射者中則大言獲獲得也射講武田之類是以中爲獲也

疏獲者坐而獲〇注射者至獲也〇釋曰此未釋算故下經云獲而未釋獲鄭云但大言獲未釋其算是也云獲得也射講武田之類是以中爲獲也者詩云舍拔則獲謂射者禽獸爲獲獲則得也戰伐得因俘亦曰獲射者正鵠亦曰獲但舉旌以宮大言獲也偃旌以商小言獲也

舉旌以宮偃旌以商宮爲君商爲臣聲和律呂相生

疏注宮爲至相生〇釋曰宮爲君商爲臣禮記樂記文宮數八十一數最濁故爲君配中央土商數七十二次君故爲臣配西方金云聲和律呂相生者以其以黃鍾之初九下生林鍾之初六林鍾又上生大蔟之九二初九與九二雖非以次相生大蔟亦由黃鍾所生故云聲和由律呂相生設舉旌以宮偃旌以商不取其餘律呂也

獲而未釋獲但大言獲未釋其算

卒射皆執弓不挾南面揖

揖如升射不挾亦右執弦如司射上射降三等下射少右從之中等並行上射於左降下疏上射至於左○釋曰此上射下射升與降皆上射爲先又上射升降皆在左與升射者相左交于階前相揖由司馬之南適堂西釋弓說決拾襲而俟于堂西南面東上三耦卒射亦如之司射去扑倚于西階之西升堂北面告于賓曰三耦卒射去扑乃升不敢佩刑器即尊者之側疏與升至卒射○注去扑至之側○釋曰云不敢佩刑器即尊者之側者此司射將升堂即賓前故去扑於階西乃升是不敢佩刑器即於尊者之側也大射司射去扑倚于階西適阼階下北面告于公曰三耦卒射不升堂亦去扑者國君尊雖堂下亦去扑也賓揖以揖然之疏賓揖○注以揖然之○釋曰大射司射告公三耦卒射不見公揖然之者公尊故也司射降搢扑反

位司馬適堂西【疏】司馬適堂西○釋曰自此盡加于楅論三耦射訖取矢之事袒執弓由其位南進與司射交于階前相左升自西階鉤楹自右物之後立于物間西南面揖弓命取矢揖推之也【疏】注揖推之也○釋曰推手曰揖引手曰厭故周禮司儀天揖時揖土揖鄭注皆以推手解之是以推手爲揖但揖弓者向侯而揖之以其命取矢故也揚弓者向之而揚之以其命去侯故也獲者執旌許諾聲不絕以旌負侯而俟俟弟子取矢以旌指教之【疏】注俟弟至教之○釋曰此即下文弟子取矢委于楅是也司馬出于左物之南還其後降自西階遂適堂前北面立于所設楅之南命弟子設楅楅猶幅也所以承笴矢者【疏】司馬至設楅○注楅猶至矢者○釋曰云楅猶幅也訓楅爲幅者義取若布帛有邊幅整齊之意故云所以承笴齊矢即下云

委于楅北括又大射云既拾取矢梱之注云梱齊等之是其承笴也**乃設楅于中庭南當洗東肆**東肆統於賓疏乃設至東肆○注東肆統於賓○釋曰此弟子設楅之時司馬教之故大射云小臣師設楅司馬正東面以弓爲畢鄭注云畢所以教助執事者明此亦然云東肆統於賓者然則楅有首尾故下記云楅長如笴博三寸厚寸有半龍首鄭注云兩端爲龍首若然則有首無尾而言西上者應有刻飾記之爲首尾也

司馬由司射之南退釋弓于堂西襲反位弟子取矢北面坐委于楅北括乃退司馬襲進當楅南北面坐左右撫矢而乘之撫拊之也就委矢左右手撫而四四數分之也上既言襲矣復言之者嫌有事即袒也凡事外堂乃袒疏司馬至乘之○注撫拊至乃袒○釋曰云司射之南退釋弓者司馬往堂西釋弓還依三耦所行之處亦取威儀進止之事故曰司射之南也云委矢于楅北括者順射時矢南行故也云撫拊之也者言撫者撫拊之義言拊者取拊近之理故轉從拊也云就委矢

左右手撫而四四數分之也者謂司馬北面就所委矢之南北面以右手撫四矢於東以左手撫四矢於西是四四數而分之也云上既言襲矣復言之者嫌有事即袒也者案上文命弟子設楅退時已襲今復言襲進者嫌有事則袒故重言之也云凡事升堂乃袒者堂下雖有事亦不袒若司射不問堂上堂下有事即袒司馬與司射遞行事恐同故明之也

若矢不備則司馬又袒執弓如初升命曰取矢不索索猶盡也弟子自西方應曰諾乃復求矢加于楅增故曰加歸獲者許諾至此弟子曰諾事同互相明疏注增故至相明○釋曰上言獲者執旌許諾故曰歸獲者許諾至此弟子曰諾以其事同互相明也言互者獲者執旌許諾不言弟子許諾則弟子亦許諾此直言弟子自西方應曰諾不言獲者應諾則獲者亦應諾可知以其事同省文故互相明之

司射倚扑于階西升請射于賓如初賓許諾賓主人大夫若皆與射則遂告于賓適阼階上告于主

人主人與賓爲耦言若者或射或否在時欲耳射者繹已之志君子務爲大夫遵者也告賓曰主人御于子告主人曰子與賓射疏司射至爲耦○注言若至賓射○釋曰自此盡比衆耦辯論次番將射比衆耦之事但射禮三番而止第一番直司射與三耦誘射不釋筭第二番三耦與衆耦俱射釋筭第三番兼有作樂爲射節云言若者或射或否者以若是不定之辭故知或射或否射者繹已之志者禮記射義文繹謂陳已之志意也云大夫遵者也者上云大夫有遵者是也故與賓主同在任情之限云告賓曰主人御于子告主人曰子與賓射此約下大夫與士射之辭以賓比大夫以主人比士尊賓之義也

遂告于大夫大夫雖衆皆與士爲耦以耦告于大夫曰某御於子大夫皆與士爲耦謙也來觀禮同爵自相與耦則嫌自尊別也大夫爲下射而云御於子尊大夫也士謂衆賓之在下者及羣士來觀禮者也禮一命已下齒於鄉里疏遂告至於子○注大夫至鄉里○釋曰云大夫爲下射而云御於子尊大夫也者上命三耦云命上射曰某御於子命下射曰子與某子射今命大夫云某御于子與上射同者尊大夫也大

夫雖爲下射其辭不與下射同也云士謂衆賓之在下者言衆賓則與賓俱來者也下記云大夫與則公士爲賓鄭注云公士在官之士則衆賓之內亦有士矣與賓俱至則得主人之所命者也其將射而至者非主人之所命直來觀禮者也但是一命已下莫問先後而至皆齒于堂下故鄭揔云士謂衆賓之在下者及羣士來觀禮者也云禮一命以下齒于鄉里者周禮黨正禮十月行正齒位之禮云一命齒于鄉里再命齒于父族三命不齒案鄉飲酒注云此篇無正齒位之禮則鄉射先行鄉飲酒之禮亦無正齒位之法而云一命以下齒于鄉里者鄉飲酒鄉射雖無正齒位之禮士立于下是以一命者在下與鄉里齒是其常法諸侯之士無再命以上若爲公卿大夫自在尊東爲遵也言士與衆賓之在下者則堂上三賓不與大夫爲耦矣亦皆射故下文云衆賓與射者皆降是也

西階上北面作衆賓射作使司射降搢扑由司馬之南適堂西立比衆耦衆耦大夫耦及衆賓也命大夫之耦曰子與某子射其命衆耦如三耦

疏司射至衆耦○注衆耦至三耦○釋曰云衆耦大夫耦及衆賓也者言大夫之耦唯謂堂下之士言衆賓則兼堂上三賓故下云衆賓皆

降云命大夫之耦曰子與某子射此即上文命下射之辭也云其命衆耦如三耦者上命三耦云命上射曰某御於子命下射曰子與某子射是也以其俱是士故命辭同

衆賓將與射者皆降由司馬之南適堂西繼三耦而立東上大夫之耦爲上若有東面者則北上言若有者大夫士來觀禮及衆賓多無數也

疏 衆賓至北上○注言若至數也○釋曰言由司馬之南適堂西者上文司馬位在司射之南東面是也云多無數也者以其言若亦是不定之辭故無常數也衆賓若少以南面爲正若多不受則西邊東面北上若然大夫來在尊東爲遵而此言之者鄭揔解來觀禮之意不謂大夫輒在此位也

賓主人與大夫皆未降言未降者見其志在射

疏 賓主至未降○注言未至在射○釋曰言未降後有降階之理故下云三耦卒射賓主人大夫揖皆由其階降與耦俱升射也言志在射者以其射在於堂上故也

司射乃比衆耦辯衆賓射者降比之耦乃徧

疏 司射至耦辯○注衆賓至乃徧○釋曰云衆賓射者降比之耦

乃徧者以上文司射降比衆耦下文乃云衆賓將與射者皆降鄭恐衆賓堂上後降者不比故兼堂上後降亦比乃徧也

遂命三耦拾取矢司射反位反位者俟其袒決遂來疏遂命至反位○注反位至遂來○釋曰自此盡爲上論拾取矢并衆耦皆就射位之事云反位者俟其袒決遂來者下文云三耦拾取矢進立于司馬之西南是也此司射反位不言先下將欲爲下番射司射堂西命三耦及衆賓皆袒決遂執弓就位司射先反位鄭注云言先三耦及衆賓皆不言先三耦未有拾取矢位無所先以此言之明言先反者對未反位之辭俱有位得言先若一有一無不得言先即此文是以下文注決此也若俱無亦得言先故上云司射比三耦於堂西云司射先立於所設中之西南東面三耦皆進由司射之西立于其西南東面北上而俟是其皆未有位亦得言先 二一

耦拾取矢皆袒決遂執弓進立于司馬之西南必袒決遂者明將有射事疏三耦至西南○注必袒至射事○釋曰立于司馬之西南者案上司射位在中西南司馬位在司射南今立于司馬之西南亦東面北上也云必袒決遂者明將有射事者始取未有射事而袒決遂者

以其取矢即訖有射故豫著之故云將有射事也

司射作上耦取矢作之者還當上耦如作射

疏 司射至取矢○注作之至作射○釋曰案上文司射作射之時左還當上耦西面作上耦射今作取矢亦如之故云還當上耦如作射

司射反位上耦揖進當楅北面揖及楅揖當楅楅正南之東西

疏 司射至楅揖○注當楅至東西○釋曰此上耦發位東行時一南一北並行及將至楅南下耦在南稍進當前楅南俱北面揖其時上射稍西下射稍東東西相當故云當楅楅正南之東西也

上射東面下射西面上射揖進坐橫弓卻手自弓下取一个兼諸弣順羽且興執弦而左還退反位東面揖橫弓者南踣弓也卻手由弓下取矢者以左手在弓表右手從裏取之便也兼幷矢於弣當順羽既又當執弦也順羽者手放而下備不整理也不言毋周右倚非君周可也

疏 上射至面揖○注橫弓至可也○釋曰言順羽且興者謂以右手順羽之時則興故云且興也言左還者以左手向外而

西回東面揖者揖下射使取矢也云横弓者南踏弓也者還左手以執弓卻右手以取矢便故知不北踏弓也云以左手在弓表者表弓背也覆手以執背故云左手在弓表云右手從裏取之便也者覆手在表執弓右手卻在裏取矢故云便也云不言毋周在阼非君周可也者案大射云左旋毋周反面揖鄭注云左還反其位毋周右還而反東面也君在阼還周則下射將背之此直云左還反位不言毋周明還周可也鄭云下射將背之則上射背左還毋周也

下射進坐横弓覆手自弓上取一个興其他如上射覆手由弓上取矢者以左手在弓裏右手從表取之亦便

疏 下射至上射○注覆手至亦便○釋曰云以左手在弓裏右手從表取之亦便者上射在西云南踏弓此不云踏弓則亦南踏弓知者以其亦用左手執弓覆右手取矢則執弓卻左手可知既仰左手向上執弓而南踏故用右手弓上向下取矢亦便也

既拾取乘矢揖皆左還南面揖皆少進當楅南皆左還北面搢三挾一个楅南鄉當楅之位

疏 既拾至一个○注楅南至之位○釋曰云楅南鄉當

楅之位者上云進當楅北面揖今至此位皆還北面也**揖皆左還上射於右**上射轉居右便其反位也下射左還少南行乃西面疏揖皆至於右○注上射至西面○釋曰云上射轉居右便其反位也者此決射時外降上射皆居左彼自當西不復庭位故也此復庭位故上射轉在右是以鄭云便其反位也云下射左還少南行乃西面者以其初北面時東西相當今西行宜並故下射少南行乃西面取並行故也**與進者相左相揖。反位**相左皆由進者之北疏與進至反位○注相左至之北○釋曰云由進者之北者以其進取矢者東行此則西行由進者之北則得相左也**三耦拾取矢亦如之後者遂取誘射之矢兼乘矢而取之以授有司于西方而后反位**取誘射之矢挾五个弟子逆受於東面位之後疏三耦至反位○注取誘至之後○釋曰云三耦拾取矢亦如之者上云三耦之中上耦外而言之云取誘射之矢挾五个者以其前拾取矢皆進三挾一个乃反位此則先取四矢亦搢三挾一个乃并取誘射四矢兼挾之故五个也云弟子逆受於東面位之後者弟子即納射器者因爵主授受於堂西西方今見下耦將司射矢來向位仍西面弟子即往逆受之訖下射乃反東面故云授有司于西方而后反位謂反向東面位是以鄭亦云弟子逆受於東面位之後也

衆賓未拾取矢皆袒決遂執弓搢三挾一个由堂西進繼三耦之南而立東面北上大夫之耦爲上未猶不也衆賓不拾者未射無楅上矢也言此者嫌衆賓三耦同倫初時有射者後乃射有拾取矢禮也

疏 衆賓至爲上○注未猶至禮也○釋曰云未猶不也者若言未謂此第一番初時未有拾取矢禮以其第一番雖有三耦射無賓射法不得云未是以轉爲不以其全不拾取矢也云言此者嫌衆賓三耦同倫初時有射者此解經云衆賓不拾之意有此嫌故明之云後乃射有拾取矢禮也者據第三番衆賓乃射自然有楅上拾取矢禮後文見之也

司射作射如初一耦揖升如初司馬命去侯獲者許諾司馬降釋弓反位司射猶挾一

个去扑與司馬交于階前升請釋獲于賓猶有故之辭司射既誘射恒執弓挾矢以掌射事備尚未知當教之也今三耦卒射衆足以知之矣猶挾之者君子不必也

疏 司射至于賓。注猶有至必也。釋曰自此盡其面俟論第二番射之事案大射第二番射司馬命去俟云如初此司馬命。去俟不言如初者此臣禮威儀省司馬初命去俟時獲者許諾聲不絕以至于之再番三番命去俟獲者直許諾無不絕聲故不言如初大射君禮威儀多故第二番與前同獲者以宮商趨之故言如初於第三番禮殺復不以宮商直許諾又不得言如初云今三耦卒射衆足以知之矣猶挾矢者君子不必也者三耦教射者三耦卒射衆賓足知射禮猶挾矢教之者君子不必也者案論語孔子云君子無必無固無我以不必即知故仍教之

賓許降搢扑西面立于所設中之東北面命釋獲者設中遂視之視之當教之

疏 賓許至視之。注視之當教之○釋曰云當教之者謂教其釋筭安置左右及數筭告勝負之事亦教之也

釋獲者執鹿中一人執筭

以從之鹿中謂射於謝也於庠當兕中【疏】釋獲至從之○注鹿中至兕中○釋曰以州長是士射于榭鄉大夫是大夫爲之射于庠下記云士則鹿中大夫兕中故云鹿中謂射於榭也於庠當兕中也釋獲者坐設中南當楅西當西序東面興受筭坐實八筭于中橫委其餘于中西南末興共而俟興還北面受筭反東面實之【疏】釋獲至而俟○注興還至實之○釋曰云設中南當楅南北節西當西序東西節云興還北面受筭反東面實之者以其所納射器皆在堂西執中與筭皆從堂西來向西序之南南面執中者既東面坐設訖興還向北面受筭迴向東面實之也司射遂進由堂下北面命曰不貫不釋貫猶中也不中正不釋筭也古文貫作關【疏】司射至不釋○注貫猶至作關○釋曰言不貫者以其以布爲侯故中者貫穿布侯故以中爲貫也是以鄭云貫猶中也中則貫也上射揖司射退反位釋獲者坐取中之八筭改實八

筭于中興執而俟執所取筭疏上射至而俟○注執所取筭○釋曰八筭者八四矢一耦八矢雖不知中否要須一矢則一筭改實八筭擬後來者用之乃射若中則釋獲者坐而釋獲每一个釋一筭上射於右下射於左若有餘筭則反委之委餘筭禮尚異也委之合於中西疏乃射至委之○注委餘至中西○釋曰云上射於右下射於左者以釋筭者東面爲正依投壺禮賓黨於右主黨於左是以上射於右賓黨也下射於左主黨也云委餘筭禮尚異也者手中餘筭未知有幾不可盡中所有餘亦得於後釋要委餘於地別取中內八筭者禮尚異故不用餘者云委之合於中西者筭法多少視射人多少不定要橫委其餘於中西手中餘者與之合也又取中之八筭改實八筭于中興執而俟三耦卒射賓主人大夫揖皆由其階降揖主人堂東袒決遂執弓搢三挾一个賓於

堂西亦如之皆由其階階下揖升堂揖主人爲下射皆當其物北面揖及物揖乃射卒南面揖皆由其階階上揖降階揖賓序西主人序東皆釋弓說決拾襲反位升及階揖升堂揖皆就席或言堂或言序亦爲庠謝互言也賓主人射大夫止於堂西

疏又取至就席○注或言至堂西○釋曰上云榭則鉤楹內謂射於榭者也堂則由楹外謂射於庠者也此當有鄉大夫射於庠亦有州長射於序故互見其義互言者今袒決遂則言堂東西見在序在榭亦然釋弓說決拾則言序東序西序則榭也在庠亦然故言互言之周公省文欲兩見之也云大夫止於堂西者上賓主人大夫俱降無堂西之文下云大夫袒決遂就其耦故知此時止於堂西故記云大夫降立于堂西以俟射也

大夫袒決遂執弓搢三挾一个由堂西出于司射之西就其耦大夫

爲下射揖進耦少退揖如三耦及階耦先升卒射揖如升射耦先降降階耦少退皆釋弓于堂西襲耦遂止于堂西大夫升就席耦於庭不並行尊大夫也在堂如上射之儀近其事得中疏大夫至就席○注耦於至得中○釋曰言在堂如上射之儀者謂耦先升是如上射身先升法以其近射事故得中也

衆賓繼射釋獲皆如初

司射所作唯上耦於是言唯上耦者嫌賓主人射亦作之大射三耦卒射司射請于公及賓疏衆賓至上耦○注於是至及賓○釋曰云於是言唯上耦者嫌賓主人射亦作之鄭言此者若二耦射下即言所作唯上耦則賓主人射亦作之未可知故於衆賓射訖乃言此明賓主射不作可知故於此乃言所作唯上耦明除賓主矣故鄭云於是言唯上耦嫌賓主人射亦作之引大射者公尊公與賓射不作直請記云賓主人射則司射擯升降是雖不作猶爲擯相之但不請也

卒射釋獲者遂以所執餘獲升

自西階盡階不升堂告于賓曰左右卒射降反位坐委餘獲于中西興共而俟司射不告卒射者釋獲者於是有事宜終之也餘獲餘筭也無餘筭則空手耳俟俟數也疏卒射至而俟○注司射至數也○釋曰云宜終之也者決前番射司射告卒射此二番射不告卒使獲者告是宜終之也云餘獲餘筭者一耦不必盡中故有餘筭也云無餘筭則空手耳者或賓主八矢盡中釋八筭故空手告也司馬袒決執弓升命取矢如初獲者許諾以旌負侯如初司馬降釋弓反位弟子委矢如初大夫之矢則兼束之以茅上握焉兼束大夫矢優之是以不拾也束於握上則兼取之順羽便也握謂中央也不束主人矢不可以殊於賓也言大夫之矢則矢有題識也肅慎氏貢楛矢銘其括今文上作尚疏司馬至握焉○注兼束至作尚○釋曰自此盡司馬乘矢論取矢之事云束于握上則兼取之順羽便也者握上則兼取之順持之處今

束於握之上取持於中央握之向下頭羽使故乘矢總束之也云不束主人矢不可以殊於賓也者主人鄉大夫則是大夫官當束之不敢殊別於賓若主人是州長則士自然不束也肅愼氏者國語文引之者證矢有題識以有題識故束者得知是大夫之矢也

司馬乘矢如初司射遂適西階西釋弓去扑襲進由中東立于中南北面視筭釋弓去扑射事已

疏 司馬至視筭○注釋弓至事已○釋曰凡言遂者因上事司射於上無事而言遂適者以司射與司馬遞行事今以司馬進乘矢司射遂適西階西釋弓去扑也云射事已此始再番射未已而言已者前番不釋獲今據第二釋獲之功成則爲已是以下記云司射釋弓矢視筭與獻釋獲者釋弓矢注云唯此二事休武主文休武者射訖數筭主文者洗爵獻釋獲者是也

釋獲者東面于中西坐先數右獲固東面矣復言之者爲其少南就右獲

疏 釋獲至右獲○注固東至右獲○釋曰釋獲者在中西東面釋筭之時賓黨於右主黨於左今將數筭宜就之是以少南就右獲更東面也

二筭爲純純猶

全也耦陰陽疏二筭爲純○注純猶至陰陽○釋曰云耦陰陽者陰陽對合故二筭爲耦陰陽也一純以取實于左手十純則縮而委之縮從也於數者東西爲從古文縮皆爲蹙疏注縮從至爲蹙○釋曰凡言從横者南北爲從東西爲横今釋筭者東面而言從横則據數筭東爲正是以東西者爲從南北者爲横故鄭云於數者東西爲從也每委異之易校數有餘純則横於下又異之也自近爲下疏有餘至於下○釋曰此則以南北爲横也一筭爲奇奇則又縮諸純下奇猶虧也又從之興自前適左東面起由中東就左獲少北於故東面鄉之疏注少北至鄉之○釋曰云少北於故故則右筭也又移至左筭之後東面鄉之是以云少北於故坐兼斂筭實于左手一純以委十則異之變於右疏注變於右○釋曰云變於右者右則一一取之於地實于左手此則總斂於左手一一取之於左手委於地是變也必變之者禮以變爲敬也其餘如右獲

謂所縮所橫

司射復位釋獲者遂進取賢獲執以升自西階盡階不升堂告于賓賢獲勝黨之筭也齊之而取其餘

疏司射至于賓○注賢獲至其餘○釋曰云齊之而取其餘者解經取賢獲以筭爲獲以其唱獲則釋筭故名筭爲獲左右數齊有餘則賢獲故以告也

若右勝則曰右賢於左若左勝則曰左賢於右以純數告若有奇者亦曰奇○賢猶勝也言賢者射之以中爲儁也假如右勝告曰右賢於左若干純若干奇

疏若右至曰奇○注賢猶至干奇○釋曰若干者數不定之辭凡數法一二已上得稱若干奇則一也一外無若干鄉亦言若干者因純有若干奇亦言若干奇言若干者衍字也

若左右鈞則左右皆執一筭以告曰左右鈞降復位坐兼斂筭實八筭于中委其餘于中西興共而俟

疏若左至而俟○釋曰此將爲第三番射故豫設

之或賓或委一如前法也

司射適堂西命弟子設豐將飲不勝者設豐所以承其爵也豐形盞似豆而卑

疏司射至設豐○注將飲至而卑○釋曰自此盡徹豐與觶論罰爵之事云設豐所以承其爵也者案燕禮注豐形似豆卑而大此不言大彼以承尊故言大此承爵不言大或小耳

弟子奉豐升設于西楹之西乃降勝者之弟子洗觶升酌南面坐奠于豐上降袒執弓反位勝者之弟子其少者也耦不酌下無能也酌者不授爵略之也執弓反射位不俟其黨已酌有事・

疏弟子至反位○注勝者至有事○釋曰知弟子是少者以其執弟子禮使令故知少者也云執弓反射位不待其黨已酌有事者以此弟子由堂西固在射賓中矣黨即衆賓是也案下文三耦及衆射者皆與其耦進立于射位今酌者不待其黨與俱進而先反射位者由已酌酒有事訖其黨未得司射命又無事不得共酌者同就射位故酌者先得反射位也

司射遂袒執弓挾一个搢扑北面于

三耦之南命三耦及衆賓勝者皆袒決遂執張弓執張弓言能用之也右手執弦如卒射（疏）司射至張弓○注執張至卒射○釋曰云右手執弦如卒射者上文卒射執弓不挾右執弦矢盡故也此非卒射亦執張弓爲無矢亦右執弦也故注云如卒射不勝者皆襲說決拾卻左手右加弛弓于其上遂以執弣固襲說決拾矣復言之者起勝者也執弛弓言不能用之也兩手執弣又不得執弦（疏）注固襲至執弦○釋曰云固襲說決拾矣者謂前降堂時既襲說決拾矣云起勝者也者謂至此復言不勝者謂以此襲說決拾以不能用也起發勝者袒決遂能用也云兩手執弣又不得執弦者上勝者言執張弓如卒射則左手執弓右手執弦此則云執弣明仰弓於左手之上執弣又不横之而不得執弦則宜右手共執弓弣故云兩手執弣又不得執弦也司射先反位居前俟所命來（疏）司射先反位○注居前俟所命來○釋曰云居前俟所命來者以衆射者皆止於堂西未向射位而司射先反位於下文衆耦等乃來就射位是得命即來故云俟所命來也來詣司射

乃作之也三耦及衆射者皆與其耦進立于射位北上司射作升飲者如作射一耦進揖如升射及階勝者先升升堂少右先升尊賢也少右辟飲者也亦相飲之位

疏三耦至少右○注先升至之位○釋曰云少右辟飲者也者以其豐於西楹之西正當西階飲者升少西又當辟豐上之爵故云少右辟飲酒也云亦相飲之位者以其相飲者皆北面於西階授者在東飲者在西故云亦相飲之位

不勝者進北面坐取豐上之觶興少退立卒觶進坐奠于豐下興揖立卒觶不祭不拜受罰爵不備禮也右手執觶左手執弓

疏注右手至執弓○釋曰此無正文以祭禮皆左手執爵用右手以祭故知此亦用左手執弓右手執觶可知也

不勝者先降後升先降畧之不由次

疏注後升至由次○釋曰此對射時升降皆有上射在先今後升先降故云畧之不由次第也

與升飲者相左交于階前

相揖出于司馬之南遂適堂西釋弓襲而俟俟復射（疏）注俟復射○釋曰待復射者謂待第三番射也有執爵者主人使贊者代弟子酌也於既升升飲而升自西階立于序端（疏）有執爵者○注主人至序端○釋曰以初使勝黨弟子酌酒於豐上以發首故使弟子今云有執爵者明主人使贊者代弟子酌於豐上以次至終也贊者謂主人之賤不射者此則鄉飲酒云主人之贊者之類也云於既升升飲而升自西階立于序端者謂於上耦既飲○說贊者乃升自西階酌說奠於豐上如下文贊者即立于序端立于序端文出于大射也執爵者坐取觶實之反奠于豐上升飲者如初每者輒酌以至於徧（疏）執爵至如初○注每者至於徧○釋曰云執爵者坐取觶實之者謂初飲說反奠於豐上贊者取此觶實之反奠于豐上云升飲者如初已下皆如初故鄭云每者輒酌以至於徧也三耦卒飲賓主人大夫不勝則不執弓執爵者取觶降洗升實之以授于席

前（優尊也）受觶以適西階上北面立飲（受罰爵者不宜自尊）

別卒觶授執爵者反就席大夫飲則耦不升（以賓主人飲耦在上嫌其升）若大夫之耦不勝則亦執弛弓

特升飲（尊者可以孤無能對）衆賓繼飲射爵者辯乃徹豐與觶（徹猶除也設豐者反豐於堂西執爵者反觶於篚）司馬洗爵升實之

以降獻獲者于侯（鄉人獲者賤明其主以侯爲功得獻也）疏司馬至于侯○注鄉人至獻也○釋曰自此盡負侯而俟論司馬獻獲者之節云鄉人獲者賤明其主以侯爲功得獻也者案大射云司馬正洗散遂實爵獻服不服不侯西北三步北面拜受爵注云近其所爲獻彼國君禮使服不士官唱獲故就其所爲唱獲獻之此鄉人獲者賤故獻於侯明以侯爲功得獻也

薦脯醢設折俎俎與薦皆三祭（皆三祭爲其將祭侯也祭侯三處也）疏薦脯至三祭○注皆三至處也○釋曰三處者下文

右與左中是也

獲者負侯北面拜受爵司馬西面拜送爵負侯，負侯中也。拜送爵不同面者，辟正主也。其設薦俎西面錯，以南爲上，爲受爵于侯，薦之於位。古文曰再拜受爵

疏獲者至送爵○注負侯至受爵○釋曰：知負侯中者，以下云適右个，又適左个，後言中，則先居中可知。云拜送爵不同面者，辟正主也者，案上文正主獻賓、獻衆賓，皆北面與受獻者同面，今此與受獻不同面，故云辟正主也。云其設薦俎西面錯，以南爲上者，獲者據文東面，而云西面錯，據設人而言。以南爲上者，特牲、少牢東面籩豆皆以南方爲上，故知此亦然。云受爵於侯，薦之於位者，此云負侯北面拜受爵，是受爵于侯；云薦之於位者，下云左个之西北三步東面設薦，是薦之於位也。若然，不薦亦在侯者，以其酒在人首可得就侯獻獲者，薦乃設之於地，若與酒俱在侯所，則正祭侯何名獻獲也？若大射則獻與薦俱在乏之，乃適侯祭之，君禮與此異也。

獲者執爵，使人執其薦與俎從之，適右个，設薦俎。獲者以侯爲功，是以獻焉。人謂主人贊者上設薦俎者也。爲設籩在東，豆在西，俎當其北也。言使設新之

疏獲者至薦俎○注獲者至新之○釋曰：此

將祭侯也云獲者以侯爲功是以獻焉者以獲者卑賤因侯有功乃得獻今還以得獻之酒獻侯故云是以獻也云人謂主人贊者以其前使爲獲者設薦俎是主人之贊者今還使之設薦俎故知人是主人贊者知籩在東豆在西俎當其北也者以其侯以北面爲正依特牲少牢皆籩在右故知籩在東右廂豆在西左廂可知也云言使設新之者鄭意嫌更使人設之其實薦此者仍前人而云使人設薦俎示新之而已故云言使設也

獲者南面坐左執爵祭脯醢執爵興取肺坐祭遂祭酒爲侯祭也亦二手祭酒反注如大射

(疏)獲者至祭酒○注爲侯至大射○釋曰此正祭侯故獲者南面鄉侯祭故鄭云爲侯祭也云亦二手祭酒反注如大射者案大射云獲者左執爵右祭薦俎二手祭酒鄭注云二手祭酒者南面於俎之北當爲侯祭於豆閒爵反注爲一手不能正也此薦俎之設如於北面人爲此祭亦然故云如大射也

興適左个中皆如之先祭左个後中者以外卽之至中若神在中也左个之西北三步東面設薦俎獲者薦右東面立飲不拜既

爵不就之者明其享侯之餘也立飲薦右近司馬於是司馬北面疏左个至既爵○注不就至北面○釋
曰云不就乏之者明其享侯之餘也者若就乏之則已所當得今
不就乏之近侯者明享侯之餘云立飲于薦右近司馬者解在
薦右之意也知於是司馬北面者此約獻釋獲者司射之位
案下文司射獻釋獲者釋獲者薦右東面拜受爵司射北面
拜送爵故知此時司馬亦北面也若然釋獲者在司射之西
北面立飲此獲者不北面飲者案大射注此爲受獻之位也
不北面者嫌爲侯卒爵
此亦然故不北面也

司馬受爵奠于篚復位獲者執其薦使人執俎從之辟設于乏之南遷設薦俎就乏之

明已所得禮也言辟之者不使當位辟舉旌偃旌也設于南右之也凡他薦俎皆當其位之前疏司馬至之南○
注遷設至之前○釋曰云遷設薦俎就乏之明已所得禮也者
前設近侯見享侯之餘此近乏者乏者已所有事之處遷近
乏是明其已所得禮故也云設于南右之也者以右取之便
也云凡他薦俎皆當其位之前者言凡見廣解薦處謂凡燕
及食幷祭祀之薦俎皆當其位之前惟此與
大射獲者與釋獲者薦俎辟設不當前也

獲者負侯

而俟疏獲者負侯而俟○釋曰獲者既受獻負侯而俟第三番射也司射適階西釋弓矢去扑說決拾襲適洗洗爵升實之以降獻釋獲者于其位少南薦脯醢折俎有祭不當其位辟中疏司射至有祭○注不當其位辟中○釋曰自此盡反位論司射獻釋獲之事此薦脯醢及折俎有肺祭一與獻獲者同但彼三祭此一祭爲異也一祭者者亦薦有祭肺俎有祭肺以爲將食而祭故言有祭也云不當其位辟中者以釋獲者位在中西故獻之於其位少南所以辟中也釋獲者薦右東面拜受爵司射北面拜送爵釋獲者就其薦坐左執爵祭脯醢興取肺坐祭遂祭酒興司射之西北面立飲不拜既爵司射受爵奠于篚釋獲者少西辟薦反位辟薦少西之者爲復射妨司射視算也亦辟俎

疏釋獲至反位。注辟薦至辟俎。釋曰云亦辟俎者上獻獲者訖獲者執其薦使人執俎從之設于乏南此釋獲者受獻訖釋獲者少西辟薦不云辟俎亦辟俎與獲者同可知故云亦辟俎也

司射適堂西袒決遂取弓于階西挾一个搢扑以反位為將復射

疏司射至反位。注為將復射。釋曰自此盡司射反位論將為下番射作之使拾取矢之事

司射去扑倚于階西升請射于賓如初賓許司射降搢扑由司馬之南適堂西命三耦及衆賓皆袒決遂執弓就位位射位也不言射者以當序取矢

疏司射至就位。注位射至取矢。釋曰云位射位者知是射者下云各以其耦反於射位故知此是射位在司射之西南東面者也云不言射位者以當序取矢者以此當次序拾取矢射故不言射位也

司射先反位言先三耦及衆賓也既命之即反位不俟之也鄉不言先三耦未有拾取矢位無所先

疏司射先反位。注言先至所先。釋

曰言先三耦及衆賓也者此下有三耦及衆賓故知先三耦及衆賓也云鄉不言先三耦未有拾取矢位無所先者案前第二番將射命三耦拾取矢司射反位不言先未有位無所先故決之第二番無位者以司射之西南有三耦射位至再番司射反於故位三耦將移於司馬之西南拾取矢之位未往之時未有故位三耦既無故位故司射不得言先故以此決之也凡射大射與鄉射各有三位此鄉射無次有堂西取弓矢袒決遂及比耦之位又有三耦射位在司射位西南又有拾取矢及再番射位是三位大射有次次內有袒決遂取弓矢之位又有堂東次比耦之位又有射位并拾取矢之位是亦有三位但君臣禮異故位事不同也

三耦及衆賓皆袒決遂執弓各以其耦進反于射位以猶與也今文以爲與【疏】三耦至射位○注以猶與也○釋曰訓以爲與者春秋之義能東西之曰以若存以字謂言尊卑不同任意以之故轉爲與則平敵之義也

司射作拾取矢三耦拾取矢如初反位賓主人大夫降揖如初主人堂東賓堂西皆袒決

遂執弓皆進階前揖南面相俟面揖行也疏司射至前揖。注南面至行也○釋曰言南面者謂賓主各於堂東西南面並相待言揖行者謂各於堂上北面相見面揖揖訖行向楅也及楅揖拾取矢如三耦及楅當楅東西也主人西面賓東面相揖拾取矢不北面揖由便也疏及楅至三耦。注及楅至便也○釋曰云及楅當楅東西也者賓主出堂東西相見揖訖東西行至楅所也云不北面揖由便也若決三耦及衆賓皆於楅南北面揖及楅揖此則無楅南北面揖賓主各由東西便故也卒北面搢三挾一个亦於三耦為之位疏卒北至一个。注亦於三耦為之位○釋曰經云搢三挾一个與上三耦取矢訖搢三挾一个同又同處故云亦於三耦為之位也揖退皆已揖左還各由其途反位疏揖退。注皆已至反位○釋曰云皆已揖左還各由其途反位者謂賓主北面揖退之時賓主皆左還相背各向堂塗反堂東西之位知左還者約上三耦也賓堂西主人堂東皆釋弓矢襲及階揖升堂揖就席將袒先言主人將襲先言

賓尊賓也〔疏〕賓堂至就席○注將袒至賓也○釋曰袒是謙敬之事襲是脩容之禮故上經將袒先言主人此經襲則先言賓是尊賓故也

大夫袒決遂執弓就其耦降袒決遂於堂西就其耦於射位與之拾取矢〔疏〕大夫至其耦○注降袒至取矢○釋曰知於堂西者上文賓主人大夫降賓堂西袒決遂又上文大夫射時堂西袒決遂故知也

揖皆進如三耦耦東面大夫西面大夫進坐說矢束說矢束者下耦以將拾取〔疏〕揖皆至矢束○注說矢至拾取○釋曰大夫西面者爲下射故也

興反位而后耦揖進坐兼取乘矢順羽而興反位揖兼取乘矢者尊大夫不敢與之拾也相下揖尊君子之所以相接也〔疏〕興反至位揖○注兼取至接也○釋曰此大夫與耦取矢韜弓覆手仰手一如上三耦法其揖進之儀亦如上左還而西也

大夫進坐亦兼取乘矢如其耦北面搢三挾一个亦於三耦爲之位揖退耦反位大

夫遂適序西釋弓矢襲升即席大夫不序於下尊也衆賓繼拾取矢皆如三耦以反位司射猶挾一个以進作上射如初一耦揖升如初進前也鄭言還當上耦西面是言進終始互相明也今文或言作升射

【疏】司射至如初○注進前至升射○釋曰自此盡退中與筭而俟論第三番用樂射之事云鄭言還當上耦西面是言進終始互相明也者上番將射時云司射還當上耦西面作上耦射不言進明還當上耦時者進近上耦乃作之此直進作射不言還當上耦明進時亦還當上耦而作之故言終始互相明也

司馬升命去侯獲者許諾司馬降釋弓反位司射與司馬交于階前去扑襲升請以樂樂于賓賓許諾司射降搢扑東面命樂正曰請以樂樂于賓賓許東西於西階之前也不就樂正命之者傳尊者之命於賤者遜

號令之司也樂正亦許諾猶北面不還以賓在堂

疏 司馬至賓許○注東面至在堂○釋曰知在西階之前不就樂正命之者以經云司射降搢扑即言東面命樂正無行進之事故知西階之前遥命之也云樂正亦許諾知者案大射云司射東面命樂正曰命用樂樂正曰諾是樂正許諾之事此不言者文不具故言之云猶北面不還以賓在堂者此亦無文樂正位東階東南北面大師位東北西面賓在堂南面樂正猶北面不還西面是以下文特云東面命大師明此時不西面受命矣大射鄭注彼云樂正西面受命左還東面命大師與此禮異者雖無正文鄭以義言在阼故也

司射遂適階閒堂下北面命曰不鼓不釋不與鼓節相應不釋筭也鄉射之鼓五節歌五終所以將八矢一節之閒當拾發四節四拾其一節先以聽也

疏 司射至不釋○注不與至聽也○釋曰云鄉射之鼓五節者以鄉大夫士用五節是以射人云王以騶虞九節諸侯以貍首七節卿大夫以采蘋五節士以采蘩五節是卿大夫士同五節云歌五終所以將八矢者下記云歌騶虞若采蘋歌五終是也云一節之閒當拾發四節四拾其一節先以聽也者尊卑樂節雖多少不同四節以盡乘矢則同其餘外皆以聽以知樂終始長

短也王九節者五節先以聽諸侯七節者三節先以聽卿大夫士五節者一節先以聽皆四節拾將乘矢但尊者先以聽則多卑者先以聽則少優至尊先知審政也此節亦取侯道之數故鄭注射人云九節七節五節者奏樂以爲射耦之差言節者容侯道之數也凡射皆與臣下共爲耦與尊者同耦自然與尊者同節若不與尊者同耦則各自用其節樂當與射義同

上射揖司射退反位樂正東面命大師曰

奏騶虞閒若一東面者進還鄉大師也騶虞國風召南之詩篇也射義曰騶虞者樂官備也其詩有一發五豝五豵于嗟騶虞之言樂得賢者衆多嘆思至之仁之人以充其官此天子之射節也而用之者方有樂賢之志取其宜也其他賓客鄉大夫則歌采蘋閒若一者重節

疏 上節至若一○注東面至重節○釋曰云東面者進還鄉大師也者以其大師西面樂正北面明知進身鄉大師乃命之云此天子之射節也者周禮射人而知云取其宜也者騶虞喻得賢者多此鄉射亦樂賢故云取其宜也云其他賓客鄉大夫則歌采蘋者采蘋是鄉大夫樂節其他謂賓射與燕射若州長他賓客自奏采蘩若然此篇有鄉大夫州長射法則同用騶虞以其同有樂賢之志也云閒若一者重節

者間若一謂五節之間長短希數皆如一則是重樂節也大師不興許諾樂正退反位乃奏騶虞以射三耦卒射賓主人大夫衆賓繼射釋獲如初卒射降皆應鼓與歌之節乃釋筭降者衆賓

疏大師至射降○注皆應至衆賓○釋曰云樂正退反位者反工南北面位也云降者衆賓者次番射時賓與主人大夫卒射皆升堂此降者衆賓也

釋獲者執餘獲升告左右卒射如初卒已也今文曰告于賓司馬升命取矢獲者許諾司馬降釋弓反位弟子委矢司馬乘之皆如初司射釋弓視筭如初筭獲筭也今文曰視數也釋獲者以賢獲與鈞告如初降復位司射命設豐設豐實觶如初遂命勝者執張弓不勝者執弛弓升飲

如初司射遂袒決遂左執弓右執一个兼諸弦面鏃適堂西以命拾取矢如初側持弦矢曰執面猶尚也幷矢於弦尚其鏃將止變於射也

疏釋獲至如初。注側持至射也。釋曰言猶袒者亦是有故之辭以其常袒恐不袒故言猶以連之也云側持弦矢曰執者對方持弦矢曰挾幷矢於弦尚其鏃將止變於射也者亦是對將射挾矢而言

司射反位三耦及賓主人大夫衆賓皆袒決遂拾取矢如初矢不挾兼諸弦弣以退不反位遂授有司于堂西不挾亦謂執之如司射也不以反射位授有司者射禮畢

疏司射至堂西。注不挾至禮畢。釋曰云不挾亦謂執之如司射也者執之如司射兼諸弦弣則與司射異以其司射自執一个無三矢兼於弣三耦以下則執一个幷於弦又以三矢幷於弣所以異也

辯拾取矢揖皆升就席謂賓大夫及衆賓也相俟堂西進立于西階之前主人以賓揖升大夫及衆賓從升

立時少退于大夫三耦及弟子自若畱下疏辯拾至就席。注謂賓至畱下。釋曰知相俟于堂西者以經言辯拾取矢說乃言揖皆升就席則知先取矢者皆相待堂西其主人則在堂東徧取矢說乃揖而升堂就席也云主人以賓揖升大夫大夫及衆賓從升立時少退于大夫三耦及弟子自若畱下者衆賓則三賓也皆依上文獻後升及畱在下之法。

司射乃適堂西釋弓去扑說決拾襲反位疏司射至反位。○釋曰司射之扑在階西今來去扑於堂西之等以其不復射故也

司馬命弟子說侯之左下綱而釋之說解也釋之不復射奄○束之疏司馬至釋之。○注說解至束之。○釋曰上初張侯時云乃張侯下綱不及地武不繫左下綱中掩束之鄭云事未至也又至將射時司馬命張侯弟子說束遂繫左下綱鄭注云事至今言司馬命弟子說侯之左下綱而釋之直言說侯之左下綱而釋之明未全去備復射故鄭下注云諸所退皆俟於堂西備復射也故知此釋之為三番射畢不復射若有射則行燕射旅酬以後乃為之故於此時中掩左下綱如初張時也

命獲者以旌退命弟子退

楅司射命釋獲者退中與筭而俟諸所退皆俟堂西備復射也旌言以者旌恒執也獲者釋獲者亦退其薦俎疏命獲至而俟○注諸所至薦俎○釋曰獲者釋獲者亦退薦俎者上獻時皆有薦俎辟之於右今獲者以旌退釋獲者退中故知亦退薦俎也司馬反為司正退復觶南而立當監旅酬疏司馬至而立○注當監旅酬○釋曰自此盡司正降復位論射訖行旅酬之事故司馬反為司正鄭云當監旅酬也樂正命弟子贊工贊工即位弟子相工如其降也升自西階反坐贊工遷樂也降時如初入樂正反自西階東北面疏樂正至反坐○注贊工至北面○釋曰前為將射遷工于東方西面樂正北面今將旅酬作樂故遷升於堂上也云降時如初入者以經直云如其降也降時威儀不見故取上文降時如初入初入則上工四人已下是也云樂正反自西階東北面者上初升於西階之東樂正立于其西合樂訖工告樂正曰正歌備樂正告于賓乃降立于西階東北北面又將射時樂正命弟子贊工遷樂于下弟子相工如初入降自西階東北

面近其事知不升者以正樂畢上無告請於賓之事宜與正歌備已後同也賓北面坐取俎西之觶興阼階上北面酬主人主人降席立于賓東賓坐奠觶拜執觶興主人荅拜賓不祭卒觶不拜不洗實之進東南面所不者酬而禮殺也賓立飲

【疏】賓北至南面。○注所不至立飲。○釋曰賓北面坐取俎西之觶者謂上一人舉觶于賓賓奠于薦西者也云賓立飲者鄉飲酒當此賓酬主人時云賓不祭立飲是也

主人阼階上北面拜賓少退少退少逡遁也主人進受觶賓主人之西北面拜送旅酬而同階禮殺也

【疏】注旅酬至殺也。○釋曰對獻酬之時賓主各於其階故云同階禮殺也

賓揖就席主人以觶適西階上酬大夫大夫降席立于主人之西如賓酬主人之禮其既實觶進西

南面立，鄉所酬。疏「賓揖至之禮」。○注「其既至所酬」。○釋曰：云「主人以觶適西階上酬大夫者，旅酬恒執此觶以相酬，故言以」。知義然者，上文「命獲者以旌退」，鄭注云「旌言以者，旌恒執也」是也。云「其既實觶，進西南面立，鄉所酬」，知者，以上賓酬主人，阼階上實觶，進南面，則知此主人酬大夫，西階上實觶，而亦進西面可知也。主人揖就席。若無大夫，則長受酬，亦如之。長謂以長幼之次酬衆賓。疏主人至如之。○釋曰：云若無大夫者，鄉人爲公卿大夫來觀禮者爲遵，或有或無不定，故云若有大夫先酬之，無大夫則酬長。以鄉射無介，直有三賓，以長幼之次受酬，此言酬衆賓則三賓也。司正升自西階，相旅，作受酬者曰：某酬某子。某者，字也；某子者，氏也。稱酬者之字，受酬者曰某子。旅酬下爲上，尊之也。春秋傳曰：字不若子。此言某酬某子者，射禮略於飲酒，飲酒言某子受酬，以飲酒爲主。疏司正至某子。○注「某者至爲主」。○釋曰：云「旅酬下爲上，尊之也」者，以旅酬者少長以齒，逮下之道，前人雖卑，其司正命之，飲酒呼之，稱謂尊於酬者，故受酬者爲某子，酬他爲某也。云「春秋傳曰」者，案莊十年秋九月，經書「荆敗蔡師于莘，以蔡侯獻舞歸公羊傳曰荆者何州名也州不若國國不若氏氏不若人人不若名名不若字字不若子何休云爵最尊也鄭引之者證旅酬下爲上之義酬者稱字受酬者稱子子是尊稱云此言某酬某子者射禮略於飲酒飲酒言某子受酬以飲酒爲主者此鄉射主於射略於飲酒故稱酬他者字又稱受酬飲酒者爲子是字不若子飲酒言某子受酬直以飲酒爲主故也

受酬者降席司正退立于西序端東面退立俟後酬者也始升相立階西北面

疏受酬至東面○注退立至北面○釋曰云始升相立階西北面者鄉飲酒注亦然知者以司正升自西階與西階之酬者立故知始時在西階西北面也

衆受酬者拜興飲皆如賓酬主人之禮辯遂酬在下者皆升受酬于西階上在下謂賓黨也鄉飲酒記曰主人之贊者西面北上不與無筭爵然後與此異於賓

疏衆受至階上○注在下至於賓○釋曰引鄉飲酒記者欲見賓黨在西主黨在東主黨不與酬之義

卒受者以觶降奠于篚

儀禮疏卷第十二

大清嘉慶丙子年
用文選樓藏本校

江西督糧道王賡言廣豐縣知縣阿應鱗栞

儀禮注疏卷十二挍勘記　阮元撰盧宣旬摘錄

三耦皆執弓

插也插於帶右　兩插字釋文陳本通解要義俱作捷按今本釋文亦作插唯宋本作捷見張淳士冠禮識誤

前後皆因前位　陳閩通解同毛本因作用

去未違俟處　毛本去作乃

司射先立于所設中之西南

云固東面矣　毛本面誤作西

揖進

而又以有虞氏之庠爲鄉學　徐本通解同敖氏庠作序按敖引鄭注雖作序然其說云

序州黨之學堂即庠也鄭氏以爲鄉學是也是敖氏所見本亦作庠偶誤寫作序耳

讀如成周宣謝災之謝 毛本謝作榭徐本通解要義楊氏同作謝下並同按春秋左氏經作成周宣榭火公羊經作成周宣謝災鄭引公羊經而疏以左氏經釋之非鄭意也且說文無榭字左氏穀梁之作榭未必非後人所改當從言爲正

物須過西楹 陳閩通解要義同毛本西作兩按兩字是

宜從榭者 毛本宜誤作以

及成周宣謝及此州立謝 兩謝字俱从言下州謝則有堂有室同毛本謝作榭按此疏榭字凡十有三毛本依通解槩從木此本從言者三從木者十要義唯故云宜從榭也及州榭則有堂有室兩榭字从言餘俱从木皆不可解當槩从言後放此

南面揖○改取一个挾之 唐石經徐本通解敖氏楊氏同毛本取作作

設于所設中之西南　中上陳閩俱有之字

云攺取一个挾之者　取陳閩俱作作按陳閩因經文旣誤遂併疏改之惟毛及監本仍作取尚可以証經誤

上射升堂

知併行併東行者　毛本併作並下同按當作並

皆當其物

不射而袒　陳閩同毛本不上有雖字

司射遂

獵矢從傍　陸氏曰傍或作旁○按敖氏作旁

在西階之西　陳閩通解同毛本在作左○按在字是

各以左相迎　通解同毛本迎作近

不得云司射向北　毛本云作與陳本誤作六

乃射

古文而后作後非也孝經說然后曰后后者後也當從后　徐本如是與此本標目合要義節錄注云古文后作後非通解與毛本同○按依疏當作孝經說說然后曰各本少一說字

注古文至從后　毛本古文作后後

后者後也　者後此本舊作孝經誤據要義與毛本改正

獲者坐而獲

此未釋算　毛本未誤作失

謂射著禽獸爲獲 著通解要義毛本俱作著此本作諸今從各本

舉旌以宮

配中央 毛本配誤作酌

上射降三等

升與降皆 毛本皆作階

司馬出于左物之南

所以承笴矢者 徐本同葉氏通解楊氏毛本笴下俱有齊字朱子曰注脫齊字據疏文補之

是其承笴也 毛本承誤作乘

弟子自西方

歸獲者許諾 陸氏曰歸又作鄉下皆同

遂告于大夫○以耦告于大夫曰石經徐陳通解楊氏敖氏同毛本告上無以耦二字

則與賓俱來者也則陳閩俱作射

十月行正齒位之禮禮要義作事

衆賓將與射者皆降

輒在此位也閩本無在字

三耦拾取矢

亦東面北上也毛本面誤作南

以其取矢即訖有射毛本矢下無即字訖下有即字

上射東面

南踣弓也踣釋文作陪似誤

不言毋周　陸氏曰毋亦作無同

故知不北踣弓也　毛本北誤作比

右手卻在裏取矢　毛本右誤作在按監本右字亦係剜改

下射進坐橫弓

向上執弓而南踣　弓陳閩俱作手

與進者相左相揖反位　揖下唐石經有退字○按錢大昕云宋本亦有之大射云退者與進者相左相揖退釋弓矢于次說決拾襲反位較此文稍詳此處退字亦不可少

三耦拾取矢○而后反位　毛本后誤作後

因留主授受於堂西西方　陳本通解同毛本主作圭

衆賓未拾取矢

謂此第一番初時　初陳閩俱作射

唯有三耦射　毛本唯誤作誰

司射作射如初

衆足以知之矣　徐本通解楊氏同毛本矣作侯陳本作矦按矦即矣之譌

司馬命去侯　陳閩俱無命字

賓許

及數筭告勝負之事　毛本數筭誤倒

釋獲者坐

執中者　毛本執上有故字監本故字擠入

又取中之八算

故言互言之要義同毛本作故曰序東西通解作皆互言之也陳閩監本曰字亦俱作言

大夫袒決遂

耦於庭徐本通解楊氏同毛本庭下有下字

衆賓繼射

則司射擯升降通解同毛本擯作賓

司馬袒決

肅慎氏貢楛矢楛釋文作枯云字又作楛

司馬乗矢如初

前晉未釋獲未陳閩監本通解俱作不

休武主文毛本主誤作上

射訖數算　陳本同毛本通解訖作記

釋獲者

就右獲更東面也　更字毛本通解作東

興自前

故東面鄉之　陸氏曰鄉本或作嚮

故則右算也　通解同毛本右作又

坐兼斂算〇十則異之　毛本十誤作實

司射復位

故名算爲獲　毛本名誤作明

若右勝

以中爲儁也嚴本同毛本儁作雋

司射適堂西

論罰爵之事要義同毛本罰作二

彼以承尊毛本以誤作此

不勝者皆襲

謂以此襲說決拾謂陳閩俱作請

三耦及衆射者○勝者先升升堂少右徐本楊氏敖氏俱重升字唐石經通解毛本俱不重

與升飲者相左

待復射者謂待第三番射也毛本兩待字俱作俟通解此載下句亦作俟○按上

待字當作俟疏標起訖云俟復射下待字正解上俟字也

有執爵者

卽立於序端 序要義作席

若大夫之耦不勝

無能對 徐本無對字

衆賓繼飲 毛本繼誤作既

司馬洗爵

使服不士官唱獲 陳本通解同閩監士俱誤作俟毛本作俟

獲者負侯

以下云 陳閩通解同毛本以作已○按此以字訓因不可與已字通

獲者南面坐

亦二手祭酒反注　反徐本作及通解楊氏毛本俱作反

右祭薦俎　右當從毛本作又

興適左个中皆如之　唐石經徐本楊氏同通解敖氏毛本皆作亦按敖云謂適左个又適侯中皆如適右个而祭之儀也則敖所見本亦作皆刻集說者誤改爲亦耳

左个之西北三步

若就乏　乏諸本俱作之唯毛本作乏

此約獻釋獲者司射之位　通解同毛本之作乏

司馬受爵

此近乏之者　此本與通解此下俱更有乏之者二字要義無

司射適階西
此薦脯醢毛本薦誤作獻
司射去扑
云不言射位者毛本射下無位字○按毛本是
司射先反位
第二番無位者陳本要義同毛本二作三
三耦及衆賓
以猶與也毛本作注以猶至爲與
與反位而后耦揖毛本后作後
司馬升

遍號令之可也　徐陳通解楊氏同毛本令作命

司射遂適階閒

以卿大夫士用五節　陳本要義同毛本用作同

先知審政也　要義同毛本通解政作故

上射揖司射退○樂正東面命大師曰　毛本命字誤在東上

大師不興

次番射時　毛本番誤作審

釋獲者○司射命設豐設豐實觶如初　通解設豐二字不重出按大射設豐不重通解因彼而誤敖氏注大射云當更有設豐二字如鄉射之文

故言猶以連之也　猶諸本俱作有○按作猶是也

司馬命弟子

奄束之奄諸本俱作奄毛本作掩

樂正命弟子

合樂訖毛本合誤作令

主人阼階上

少逡遁也少釋文作小

賓揖就席

鄉所酬鄉徐陳通解楊氏俱作鄉毛本作鄕

賓觶進南面毛本南上有東字

而亦進西面可知也毛本西下有南字

衆受酬者

主人之賛者 賛徐本通解要義楊氏敖氏俱作贊毛本作賛

儀禮注疏卷十二挍勘記終

奉新余成教挍

儀禮疏卷第十三

唐朝散大夫行大學博士弘文館學士臣賈公彦等撰

司正降復位（疏）司正降復位○釋曰自此盡唯賓論舉觶於賓與大夫爲無筭爵之事云司正降復位者司正當監旅酬訖故降使二人舉觶于賓與大夫爲無筭始也使二人舉觶于賓與大夫二人主人之贊者舉觶者皆洗觶升實之西階上北面皆坐奠觶拜執觶興賓與大夫皆席末荅拜舉觶者皆坐祭遂飲卒觶興坐奠觶拜執觶興賓與大夫皆荅拜舉觶者逆降洗升實觶皆立于西階上北面東上賓與大夫拜舉觶者皆進坐奠于薦右坐奠之不敢授（疏）

舉觶至薦右○注坐奠之不敢授○釋曰賓與大夫皆席未荅拜者皆席西南面荅拜云皆進坐奠于薦右者以其將飲者於右故也云坐奠之不敢授者對獻酬時親授主人之贄者卑不敢親授觶也賓與大夫辭坐受觶以興辭辭其坐奠觶【疏】賓與至以興○注辭辭其坐奠觶○釋曰必辭者賛者不敢親授賓與大夫不可自尊故辭之不言取而言受者亦是若親受之然舉觶者退反位皆拜送乃降賓與大夫坐反奠于其所興不舉者盛禮已崇古文曰反坐【疏】舉觶至所興○注不舉至反坐○釋曰崇重也凡飲酒禮成於酬前已旅酬所盛禮已重今主人復舉觶為無筭爵盡歡情容不盡主人歡故且奠之未舉之故不奠薦左若無大夫則唯賓長一人舉觶如燕禮媵爵之為【疏】若無大夫則唯賓○注長一至之為○釋曰鄉二人舉觶為賓與大夫今若無大夫當闕一人故云則唯賓也云長一人舉觶如燕禮媵爵之為者燕禮初二大夫媵觶至旅酬復使二人君命長媵一爵於君與此同故云如燕禮之為彼旅酬此為無筭爵不同但一人是同故引為證也司正升

自西階阼階上受命于主人適西階上北面請坐于賓請坐欲與賓燕盡殷勤也至此盛禮以成酒清肴乾強有力者猶倦焉疏司正

至于賓○注請坐至倦焉○釋曰自此盡少退北上論請坐徹俎之事云酒清肴乾強有力者猶倦焉者此禮記聘義文案彼云故強有力者將以行禮也酒清人渴而不敢飲也肉乾人飢而不敢食也日莫人倦○引之者證此賓須坐之義

賓辭以俎俎者肴之貴者也辭之者不敢以燕坐褻貴肴疏賓辭以俎○注俎者至貴肴○釋曰俎所盛骨體骨體是肴之貴者故辭之也

反命于主人主人曰請徹俎賓許司正降自西階階前命弟子俟徹俎弟子賓黨也俎者主人贊者設之今賓辭之使其黨俟徹順賓意也上言請坐于賓此言主人曰互相備耳疏反命至徹俎○注弟子至備耳○釋曰知弟子是賓黨者以其司正降自西階階前命之明賓黨弟子在西階東面也必使賓黨弟子者徹俎是賓請之故鄭云俎者主人贊者設之今賓辭之使其黨俟徹順賓意也云上言請坐于賓此言主

人曰互相備耳者凡辭皆司正請于主人主人有命司正乃傳告賓今上文云司正請坐于賓直見司正傳主人辭不見主人曰請坐于賓之辭此經直見主人曰請徹俎不見司正傳主人以告賓是互相備也不言互文而云互相備者凡言互文者各舉一事一事自周是互文此據一邊禮一邊禮不備文相續乃備故云互相備若云糗餌粉餈鄭注云餌言糗餈言粉互相足之類也

司正升立于序端賓降席北面主人降席自南方阼階上北面大夫降席席東南面俟弟子升受俎疏司正至南面○注俟弟子升受俎○釋曰云俟弟子升受俎者下云司正以俎出授從者注云授賓家從來者也所以厚禮之則此弟子升受俎者案下文據大夫與主人而言若賓俎授司正非弟子也

賓取俎還授司正司正以降自西階賓從之降遂立于階西東面司正以俎出授從者授賓家從來者也古者與人飲食必歸其盛者所以厚禮之疏注授賓至禮之○釋曰云古者與人飲食必歸

其盛者所以厚禮之者鄉飲酒燕禮大射賓客皆有俎徹歸客之左右俎是肴之貴是歸其盛者公食大夫旣食有司卷三牲之俎歸于賓館故摠云古者與人飲食必歸其盛者所以厚禮之也主人取俎還授弟子弟子受俎降自西階以東主人降自阼階西面立以東授主人侍者疏主人至面立。注以東至侍者。釋曰云以東授主人侍者弟子是賓黨非主人之贊者故知徹主人俎還授主人侍者歸入於內也大夫取俎還授弟子弟子以降自西階遂出授從者大夫從之降立于賓南凡言還者明取俎各自鄉其席衆賓皆降立于大夫之南少退北上從降亦爲將燕疏注從降亦爲將燕。釋曰賓主人大夫有俎從俎而降此三賓無俎亦從大夫而降亦如賓主人大夫將燕故同降同升也主人以賓揖讓說屨乃升大夫及衆賓皆說屨升坐說屨者將空坐

屨褻賤不宜在堂也說
屨則摳衣爲其被地 【疏】◦主人至升坐。◦注說屨至被地
◦釋曰自此盡門外再拜論升
坐行無算爵賓醉送出之事云說屨則摳衣爲其被地者曲
禮云摳衣趨隅彼謂升席時引之證說屨低身亦然若不摳
衣恐衣被地履之但對文上曰衣下曰裳散文衣裳通此衣
即裳也案少儀云排闔說屨於戶内一人而已矣鄭注云雖
衆敵猶有所尊也彼尊卑在室則尊者說屨在戶内自餘說
屨於戶外若尊卑在堂則亦尊者一人說屨在堂自餘說屨
於堂下是以燕禮◦大射臣皆說屨於階下公不見說屨之文
明公舄在堂矣此乃鄉飲酒臣禮賓主人行敵禮故皆說屨
於堂下也 乃羞 羞進也所進者狗胾醢也燕設啗具所以案酒 【疏】乃羞。◦注羞進至所案酒。◦釋曰云所
進者狗胾醢也者以其牲用狗故知狗胾醢醢未必狗
以其醢豫造乃成非臨時之物故知非狗連言之也 無
算爵使二人舉觶賓與大夫不興取奠觶飲
卒觶不拜 二人謂媵者二人也使之升立于西階上賓與大夫將旅當執觶也卒觶者固不拜矣著
之者嫌坐卒爵者拜既爵此坐于席禮既殺不復崇 【疏】無算至不拜。◦注二人至復崇。◦釋曰經賓上有于字者

謨以此二觶彷是前二人所舉者今以二人外者舉發使行無筭爵非新觶以鄭注可知故謨有也若然舉觶上爵賓下爵爲何也云卒觶者固不拜矣著之者嫌坐卒爵者拜既爵者上正旅酬時賓酬主人賓不祭卒觶不拜不洗今此二人舉觶禮瀰殺故云卒觶者固不拜矣嫌坐卒爵者拜既爵者以正獻酬時皆坐卒爵拜既爵嫌此無筭爵飲卒觶亦有拜義故明之云坐于席禮既殺不復崇者此決正行獻酬時在於階下有拜既爵此說履就席禮既殺不復崇重故無拜爵也

執觶者受觶遂實之賓觶以之主人大夫之觶長受長衆賓長而錯皆不拜錯者貫主人之觶以之次賓也貫賓長之觶以之次大夫其或多者迭飲於坐而已皆不拜受禮又殺也

疏注錯者至殺也○釋曰云其或多者迭飲於坐而已者衆賓之長在賓西者三人大夫則席於賓東若大夫亦三人則與衆賓等得交錯相酬言其或多者若有一大夫則衆賓二人無所酬直二人迭飲而已若大夫四人已上多於三賓自三人之外亦無所酬則亦自相酬迭飲而已云皆不拜受禮殺也者上二人舉觶於賓與大夫皆拜受及飲卒不拜是其殺今衆賓與大夫不拜受觶故言禮又殺也○辯

卒受者與以旅在下者于西階上衆賓之末飲而酬主人之贄者，大夫之末飲而酬賓黨，亦錯焉。不使執觶者酌，以其將旅酬，不以己尊孤人也。其末若皆衆賓，則先酬主人之贄者；若皆大夫，則先酬賓黨而已。執觶者酌在上，辯，降復位。

疏「辯卒至階上」○注「衆賓至復位」○釋曰：經云辯，謂堂上衆賓已上皆飲訖。云卒受者，謂最末後飲者。云衆賓之末飲而酬主人之贄者，大夫之末飲而酬賓黨，亦錯焉者，此亦若堂上交錯也。云不使執觶者酌，謂不使二人執觶者酌。云以其將旅酬，不以已尊孤人也者，其堂上皆坐行酒，至此立階上旅，在下解經與以旅在下者。云其末若皆衆賓，則先酬主人之贄者，謂大夫或少或無，則衆賓爲末飲也。云若皆大夫者，謂大夫多，衆賓徧後，二觶並酬大夫，則大夫爲末飲也。云執觶者酌在上，辯，降復位者，謂二人舉觶酌堂上，衆賓已上辯，其堂下自酌相旅，二人無事，故降復于東階前西面北上位也。故鄉飲酒記云「主人之贄者西面北上，不與無筭爵，然後與」。必知復位者，下經云執觶者皆與旅是也。

長受酬，酬者不拜，乃飲，卒觶，以實之。言酬者不拜者，嫌酬堂下異位當拜也。古文曰受酬者不拜。

疏「長受至寘」

之○注言酬至不拜○釋曰謂堂下或賓黨之長或主人贊者之長受堂上酬酬者不拜鄭云酬者不拜者嫌酬堂下異位當拜也者嫌堂下異位堂上酬堂下當拜故明之也

受酬者不拜受禮殺進受尊者之酬猶不拜　疏受酬者不拜受○注禮殺至不拜○釋曰堂下卑者受堂上尊者酒當拜由禮殺雖尊者之酬猶不拜也

辯旅皆不拜主人之贊者於此始旅嫌有拜　疏辯旅皆不拜○注主人至有拜○釋曰以鄉飲酒記云主人之贊者不與無筭爵然後與故鄭偏言主人之贊者於此始旅嫌有拜故明之也

執觶者皆與旅嫌已飲不復飲也上使之勸人耳非遠下之惠也亦自以齒與於旅旅也　疏執觶者皆與旅○注嫌已至旅也○釋曰此即上文二人舉觶者於西階上已卒觶故鄭云嫌已飲不復飲也

卒受者以虛觶降奠于篚執觶者洗升實觶反奠于賓與大夫復奠之者燕以飲酒爲歡醉乃止主人之意也今文無執觶及賓觶大夫之觶皆爲爵賓觶觶爲之　疏卒受至大夫○注復奠至爲之○釋曰今文此經云執觶者無此執觶又今文無執觶及賓觶

大夫之觶皆爲爵不從者以其皆在無筭爵之科明不爲爵云賓觶觶爲之者亦不從也

無筭樂合鄉樂無次數

疏無筭樂○注合鄉樂無次數○釋曰知合鄉樂二南者約上正歌時不畧其正已歌鄉樂但上有次第先歌關雎次歌葛覃卷耳次歌鵲巢采蘋采蘩皆三終有次數今無次數在賓主所好也

賓興樂正命奏陔陔陔夏其詩亡周禮賓醉而出奏陔夏陔夏者天子諸侯以鍾鼓大夫士鼓而已

疏賓興至奏陔○注陔陔夏至而已○釋曰此賓興即命奏下文賓降乃作樂也云陔陔夏其詩亡者九夏皆詩篇鄭注鍾師云歌之大者載在樂章樂崩亦從而亡云周禮者鍾師云陔夏杜子春云客醉而出奏陔夏雖非正文亦據周禮而言云陔夏者天子諸侯以鍾鼓知者鍾師云以鍾鼓奏九夏是天子法襄公四年穆叔如晉晉侯饗之金奏肆夏之三不拜則陔夏奏用鍾矣大夫士尚有鼓明諸侯亦有鼓故摠云天子諸侯以鍾鼓知大夫士用鼓者此鄉射鄉飲酒皆有鼓故知以鼓奏陔而已也

賓降及階陔作賓出衆賓皆出主人送于門外再拜拜送賓于門東西面賓不荅拜禮有終

疏賓降至再拜○注拜送至有終

○釋曰知拜送賓于門東西面者此約迎賓時於此拜也云不荅拜禮有終者以行禮有終故不荅也 **明日賓朝服以拜賜于門外** 拜賜謝恩惠也 疏 明日至門外○釋曰自此盡經末論息勞司正之事 **主人不見如賓服遂從之拜辱于門外乃退** 不見不褻禮也拜辱謝其自屈辱 疏 主人至乃退○注不見至屈辱○釋曰不見不褻禮者禮不欲數數則瀆今主人不見恐相褻故不見也 **主人釋服乃息司正** 釋服說朝服服玄端也息猶勞也勞司正謂賓之與之飲酒以其昨日九勞倦也月令曰勞農以休息之 疏 主人至司正○注釋服至息之○釋曰上文主人如賓服則主人亦朝服矣今言釋服謂釋去朝服朝服之下衣則次玄端故知釋服說朝服服玄端也玄端即朝服之下易其裳爲異也月令者彼是十月農功畢勞農以休息之爲息田夫之臘祭引之者證息勞來休息之義也 **無介** 勞禮略貶於飲酒也此已下皆記禮之異者 疏 無介○注勞禮至異者○釋曰云勞禮略貶於飲酒也者謂貶於鄉飲酒鄉飲酒禮有介此上司正飲酒及此勞禮皆無介是貶於鄉飲酒也云此

以下皆記禮之異者謂息司正之禮與上飲酒禮異之事也不殺無俎故也疏不殺○注無俎故也○釋曰下文云無俎無俎故不殺殺即有俎也使人速速召賓疏使人速○注速召賓○釋曰若公食使人召之還司正爲擯也迎于門外不拜入升不拜至不拜洗薦脯醢無俎賓酢主人主人不崇酒不拜衆賓既獻衆賓一人舉觶遂無筭爵言遂者明其閒闕也賓坐奠觶于其所擯者遂受命于主人請坐于賓賓降說屨升坐矣不言遂請坐者請坐主於無筭爵疏迎于至筭爵○注言遂至筭爵○釋曰云言遂者明其開闕也者開闕謂開一人舉觶下有工升歌立司正旅酬及二人舉觶及徹俎之事以其闕此數事故云遂無筭爵也云賓坐奠觶于其所擯者遂受命于主人請坐于賓賓降說屨升坐矣此並依正飲酒禮不言遂請坐者請坐主於無筭爵者以其請坐主於無筭爵今言無筭爵自然請坐可知故不須言請坐于賓也無司正使擯者而已不立之疏無司正○注使擯至立之○釋曰不立司正亦是與

飲酒禮異**賓不與**昨日至尊不可褻也古文與作豫疏賓不與○注昨日至作豫○釋曰賓者主人所尊敬不可復召之復召之亦是褻瀆也**徵唯所欲**徵召也謂所欲請呼疏徵唯所欲○注徵召至請呼○釋曰須止則止須召則召在主人之意故云所欲請呼也**以告於鄉先生君子可也**告請也鄉先生鄉大夫致仕者也君子有大德行不仕者疏以告至可也○注告請至仕者○釋曰云鄉大夫致仕者也者此即鄉飲酒注云先生謂老人教學者云君子有大德行不仕者大德行謂六德六行可貢而不仕者此即居士縞帶亦曰處士**羞唯所有**用時見物疏羞唯所有○注用時見物○釋曰謂昨日所有之餘見物**鄉樂唯欲**不歌雅頌取周召之詩在所好疏鄉樂唯欲○注不歌至所好○釋曰此即與上無算樂同而云不歌雅頌者以其上飲酒主於射畧於樂不用小雅此非鄉射而亦不歌雅頌者亦不可過于正飲酒禮故云周召之詩在所好也**記大夫與則公士為賓**不敢使鄉人加尊於大夫也公士在官之士鄉賓主用處士疏記大至為賓○注不敢至處士

○釋曰據此鄉射使處士無爵命者爲賓故有大夫來不以鄉人加尊於大夫故易去之使公士爲賓若然鄉飲酒貢士法賢者爲賓其次爲介又其次爲衆賓有大夫來不易去之以其賓擬貢故也云鄉賓主用處士即君子者也

使能不宿戒能者敵於事不待宿戒而習之【疏】使能不宿戒○注能者至習之○釋曰解上賓用處士云能者敵於事者孝經云參不敢鄭云敵猶達也則此通達於事

其牲狗也狗取擇人【疏】其牲狗也○注狗取擇人○釋曰鄉飲酒鄉射義取擇賢士爲賓天子已下燕亦用狗亦取擇人可與燕者

亨于堂東北鄉飲酒義曰祖陽氣之所發也【疏】亨于堂東北○注鄉飲至發也○釋曰陽氣起於東北而盛於南方亨狗于東北飲酒是陽故法之

尊綌冪賓至徹之以綌爲冪取其堅絜【疏】尊綌冪賓至徹之○注以綌至堅絜○釋曰凡冪者皆爲塵埃加故設之但用冪不用冪不同者凡用醴皆不見用冪質故也即士冠禮子昏禮禮賓贊禮婦聘禮禮賓此等用醴皆無冪是也醮無酒亦用冪者從禮子質也或以尊厭卑亦無冪燕禮君尊有冪方圜壺則無冪昏禮尊於室內有冪尊於房戶外爲媵御賤故無冪鄉飲酒鄉射有冪

者無所厭故也若祭祀之冪冪人云以疏布冪八尊鄭云天
地之神尚質以畫布冪六彝鄭云宗廟可以文凡王巾皆黼
注云周尚武其用文德則黻可諸侯無文或與王同其喪中
之冪皆用疏布士喪禮小斂用功布大斂亦同士虞用絺冪
與吉同大夫亦當然也云賓至徹之者巾冪必布埶冪賓未
至恐塵加賓至徹去不復用以其鄉射飲酒不見更用之文
故也燕禮君命徹冪則未命之前重
用之者君尊久設恐塵故重覆之

蒲筵緇布純 筵席也純緣

疏 蒲筵緇布純○注筵席也純緣○釋曰鄉大夫州長
與鄉人習禮雖有公卿之尊無加席唯。一種故記人
記之云筵席者鄭注周禮序官云鋪陳曰筵藉之曰席然其
言之筵席通但在地者爲筵取鋪陳之義在上曰席取相承
藉之義耳

西序之席北上 衆賓統於賓

疏 西序之席北上○注衆賓統於賓○釋曰
衆賓之席繼賓己西南面東上今云西序之席北上者謂衆
賓有東面者則北上此東面非常故記之也若然此鄉射上
設席雖不言衆賓之數上文云三拜衆賓鄭云三拜示徧也
則衆賓亦三人矣而復有東面者若公卿大夫多尊東不受
則於尊西賓近於西則三。
賓東面北上統於賓也

獻用爵其他用觶 爵尊不可褻也

以爵拜者不徒作以爵拜謂拜既爵徒猶空也作起也不空起言起必酢主人薦脯用籩五膱祭半膱橫于上醢以豆出自東房膱長尺二寸脯用籩籩宜乾物也醢以豆豆宜濡物也膱猶脡也爲記者異耳祭橫于上殊之也於人爲縮膱廣狹未聞也古文膱爲蔵今文或作植疏薦脯至二寸○注脯用至作植○釋曰云豆宜濡物也者案王制云一爲乾豆鄭云謂腊之以爲祭祀豆實與此違者以其豆實則醢也鄭注周。醢人云作醢及醬者必先膊乾其肉乃後細莝之雜以粱麴及鹽漬以美酒塗置甀中百日則成矣是乾以爲豆實醢是也云膱猶脡也爲記者異者鄉飲酒記云脯五脡此云五膱膱與脡不同非訓之是記者異名不同非別有義故鄭云膱猶脡也云於人爲縮者脯法於人爲縮者鄉飲酒記引曲禮云以脯脩置者左胊右末鄭注曲禮云屈中曰胊取左手案之右手擘之便故於人爲縮橫祭半膱橫。上於脯爲橫於人則爲縱也俎由東壁自西階升狗既亨載于東方疏俎由至階升○注狗既至東方○釋曰云狗既亨載于東方者上云亨于堂東北今云俎由東壁者亨在東北實俎曰載載則於東方東方則東壁故云俎由東壁也云自西階外者既由東壁恐如祭饌由東階外故記人明之若祭饌則東階外特牲少牢是也尊神故由阼階外

賓俎脊脅肩肺主人俎脊脅臂肺肺皆離皆右體也進腠以骨名肉貴骨也賓俎用肩主人用臂尊賓也離猶挳也腠膚理也進理謂前其本右體周所貴也若有尊者則俎其餘體也

疏 賓俎至進腠○注以骨至體也○釋曰云以骨名肉者骨為本有名肉為末無名所食即肉故以骨名肉必知骨有肉者特牲乃食舉注云舉言食食者明凡解體皆連肉是有肉也云賓俎用肩主人用臂尊賓也者此據前三體而言以其體有肩臂臑禮記祭統云周人貴肩為其顯故賓用肩尊賓也云離猶挳也者案禮記少儀云牛羊之肺離而不提心鄭云提猶絕也刲離之不絕中央少者中央少者即是心也此將食舉肺也云進理謂前其本者此與公食同生人食法少牢進下者是鬼神食法云右體周所貴也者對左殷人所貴云若有尊者則俎其餘體也者前有三肩臂臑以次用之賓主已用肩臂有一大夫則用臑二大夫則取後體用膞若有三大夫已上則用胳其脊脅與賓主同故下文云獲者之俎折脊脅肺臑注云臑若膞胳

殽折之以爲大夫之餘體是也凡舉爵三作而不徒爵謂獻賓獻大夫獻工皆有薦疏注謂獻至有薦○釋曰知此三人者以其言三作故知唯此三人而已凡奠者於左不飲不欲其妨疏凡奠者於左○釋曰謂若酬賓奠於右賓奠之於左將舉者於右便其舉也疏將舉者於右○釋曰謂若酬一人二人舉奠之於薦右後舉之者也衆賓之長一人辭洗如賓禮尊之於其黨疏衆賓至賓禮○注尊之於其黨○釋曰此獻三賓之時主人唯爲長者一人洗爵如經文恐已後更洗故記人明之也若有諸公則如賓禮大夫如介禮無諸公則大夫如賓禮尊卑之差諸公大國之孤也樂作大夫不入後樂賢也樂正與立者齒謂其飲之次也尊樂正同於賓黨鄉飲酒記曰與立者皆薦以齒三笙一和而成聲三人吹笙一人吹和凡四人也爾雅曰笙小者謂之和疏三笙至成聲○注三人至之和○釋曰云

爾雅曰笙小者謂之和者案爾雅釋樂云大笙謂之巢孫氏注云巢高大又云小者謂之和注云和小笙是也

獻工與笙取爵于上篚既獻奠于下篚其笙則獻諸西階上奠爵于下篚不復用也今文無與笙【疏】獻工至階上○注奠爵至與笙○釋曰云奠爵于下篚不復用也者謂堂上不復用無妨堂下更入用之知者獻獲及釋獲者皆取而獻之是也大射獻服不氏用散不用爵者彼君禮與此異也

立者東面北上賓黨【疏】立者東面北上○注賓黨○釋曰此謂一命及不命來觀禮者與堂下衆賓齒東面北上而立

司正既舉觶而薦諸其位薦於觶南【疏】司正至其位○注薦於觶南○釋曰知薦於觶南不薦於觶北者以司正觶南北面立若薦觶北與觶相隔非位前故知觶南位北也

三耦者使弟子司射前戒之弟子賓黨之少者也前戒謂先射請戒之【疏】三耦至戒之○注弟子至戒之○釋曰云使弟子司射前戒之者謂請射之前戒之以其經云三耦俟於堂西故鄭云前戒謂先射請戒之也

司射之弓

矢與扑倚于西階之西便其事也疏司射至之西○注便其事也○釋曰此矢謂挾一个者初司射適堂西袒決遂取弓矢于階西兼挾一矢則誘射之弓矢亦在階西矣若然誘射訖適堂西改取一个挾之遂適階西取扑此一个實在堂西至視筭之時於西階西釋弓矢去扑獻釋獲者此亦在西階西故鄭云便其事也

司射既袒決遂而升司馬階前命張侯遂命倚旌著並行也古文曰遂命獲者倚旌疏司射至倚旌○注著並至倚旌○釋曰云著並行者謂司射與司馬有不並行事時案上文將射適堂西袒決遂取弓矢於西階上北面告賓曰弓矢既具有司請射其時司馬即階前令倚旌此皆同時故鄭云著並行事如上經納射器及比三耦以前司射獨行事後及司正為司馬與司射並行事故記人記之也

凡侯天子熊侯白質諸侯麋侯赤質大夫布侯畫以虎豹士布侯畫以鹿豕此所謂獸侯也燕射則張之鄉射及賓射當張采侯二正而記此者天子諸侯之燕射各以其鄉射之禮而張此侯由是

云焉曰質赤質皆謂采其地其地不采者白布也熊麋虎豹
鹿豕皆正面畫其頭象於正鵠之處耳君畫一臣畫二陽奇
陰偶之數也燕射射熊虎豹不忘上下相犯射
麋鹿豕志在君臣相養也其畫之皆毛物之

【疏】凡侯至鹿豕○

注此所至物之○釋曰云此所謂獸侯也者周禮梓人云張
獸侯以息燕注云息者休農息老物也燕謂勞使臣若與羣
臣飲酒而射是也云燕燕射則張之者燕禮大射正爲司射如
鄉射之禮是諸侯燕用鄉射之禮故云燕射則張之也天子
雖無文據記天子燕射記明天子燕射亦用鄉射之法也云
鄉射及賓射當張采侯二正者案周禮射人掌賓射大夫士
同二正是賓射二正鄉射無文知亦采侯二正者周禮賓射
與賓客爲射此鄉射雖與鄉人習禮亦如賓主行射禮又非
私相燕勞故約與賓射同也言采侯者梓人云張五采之侯
則遠國屬是賓射之侯故云采侯也云而記此者天子諸侯
之燕射各以其鄉射之禮者以天子自用鄉射之禮諸侯自
用鄉射之禮大夫士亦各隨其君用鄉射之禮也用鄉射之
禮謂張侯道五十步及三耦一與鄉射同云張此侯則經獸
侯是也云由是云焉者謂由是用鄉射法故云獸侯於此鄉
記也云白質赤質皆謂采其地者案周禮掌蜃云共白盛之
蜃則此以蜃灰塗之使白爲地赤質者亦以赤塗之使赤爲

地云不采者白布也者謂大夫士直云布侯者也云熊麋虎豹鹿豕皆正面畫其頭者知皆畫首者以其言貍首者射不來者之首明此獸侯等亦正面畫其頭也云象於正鵠之處耳者案梓人云參分其廣而鵠居一焉據大射之侯若賓射之侯則三分其侯正居一焉若燕射之侯則獸居一焉故云象其正鵠之處耳云君畫一臣畫二陽奇陰偶之數也者禮記郊特牲云君之南鄉荅陽之義也臣之北面荅君也是君陽臣陰又天一生水地二生火是一二陰陽之數故云君一臣二陽奇陰偶之數也云燕射射熊虎豹不忘上下相犯者三者皆猛獸不苟相下若君臣之道亦獻可者替否者不苟相從輒當犯顏而諫似獸等故用之云射麋鹿豕志在君臣相養也者案內則云麋鹿豕皆有軒並是可食之物故云相養也云其畫之皆毛物之者此無正文但畫五三三正之侯各以其色明○畫獸侯亦以毛物畫之可知也

凡畫者丹質賓射之侯燕射之侯皆畫雲氣於側以為飾必先以丹采其地丹淺於赤

【疏】凡畫者質丹○注賓射至於赤○釋曰云賓射之侯燕射之侯者此鄉射以采侯二正是賓射之侯也此獸侯也又是燕射之侯故鄭並言之云皆畫雲氣於側以為飾者鄭解經凡言畫者皆畫雲氣故以雲氣解之也畫象雲色若賓射之侯天子九十步侯

朱白蒼黃玄五正者還畫此五色雲氣於其側七十步侯朱白蒼三正者還畫此三色雲氣於其側五十步侯朱綠二正者還畫此二色雲氣於其側以爲飾也云必先以丹采其地者欲畫此五色三色雲氣時必先用丹采此地乃於其上畫雲氣也天子侯九十步之内更有七十五十步侯畿内諸侯七十步侯内更有五十步侯畿外諸侯者之九十步侯之内更有七十五十步侯其畫之采皆如其數也以侯數非一尊卑又不同故云凡以廣之言凡畫雲氣以丹爲質地者也云丹淺於赤赤者案月令云乘朱路駕赤駵載赤旂衣朱衣朱與赤互言之即爲一物又案冬官鍾氏云以朱湛丹秫三入爲朱色深而湛丹秫故知丹淺於赤鄭言此者欲見以丹爲地丹上得見赤色雲之義故言此也

射自楹閒物長如笴其閒容弓距隨長武

自楹閒者謂射於序也楹閒中央東西之節也物謂射時所立處也謂之物者物猶事也君子所有事也長如笴者謂從畫之長短也笴矢幹也長三尺與跬相應射者進退之節也閒容弓者上下射相去六尺也距隨者物横畫也始前足至東頭爲距後足來合而南面爲隨武跡也尺二寸

疏

射自至長武○注自楹至二寸○釋曰云自楹閒者謂射於序也知者以其言楹閒則是序則

物當楣，故知非射於序者也。云楹閒中央東西節也者，以其楹閒北面無限，東楹西楹相當，故知東西之節也。云長如笴者，謂從畫之長短也者，其下有距隨爲橫，此言物長，又是從迹之稱，故知南北之長短也。云笴矢幹也，長三尺者，以矢人職得知也。云與跬相應者，禮記祭義云「故君子跬步而弗忘孝也」。一舉足謂之跬，再舉足謂之步。步射者履物不過一跬，故知以三尺爲限也。云距隨者物横畫也，始前足至東頭爲距，後足來合而南面爲隨者，謂上射下射並足處皆然。言長武，武跡也，中人之跡尺二寸，謂橫尺二寸也。

序則物當棟，堂則物當楣。是制五架之屋也，正中曰棟，次曰楣，前曰庋。

【疏】○序則至當楣○注是制至曰庋○釋曰：云是制五架之屋也者，庠序皆然，但有室無室爲異。

命負侯者由其位。於賤者禮畧。

【疏】命負至其位○釋曰：其位者，正據司馬自在己位遙命之。遙命者，由負侯者賤畧之故也。對司射比耦則就其位。經無司馬命負侯之位，故記之也。

凡適堂西，皆出入于司馬之南，唯賓與大夫降階遂西取弓矢。尊者宜逸，由便也。

旌各以其物。

旌總名也雜帛爲物大夫士之所建也言各者者鄉射或於庠或於謝

疏 旌各以其物。注旌搃至於謝。釋曰云旌搃名也者以周禮司常云九旗對文通帛爲旜雜帛爲物全羽爲旞析羽爲旌各別今名物爲旌者散文通故云旌搃名也云雜帛爲物大夫士之所建也者司常文通帛者通體並是絳帛周所尚赤也雜帛者中絳緣邊白也白殷之正色故鄭彼注云言先王正道佐職也云各者鄉射或於庠或於謝者諸侯鄉大夫是大夫詢衆庶射於庠射於謝於庠是諸侯州長是士春秋習射于謝大夫士同建物而云各者雖同建物仞則大夫五仞士三仞不同故云各也

無物則以白羽與朱羽糅杠長三仞以鴻脰韜上二尋

無物者謂小國之州長也其鄉大夫一命其州長士不命不命者無物此翿旌也翿亦所以進退衆者糅雜也杠橦也七尺曰仞鴻鳥之長脰者也八尺曰尋今文糅爲縚韜爲翿

疏 無物至二尋。○注無物至爲翿。○釋曰云無物者謂小國之州長也者案典命子男之鄉再命大夫一命士不命大夫一命得建物士不命則無物是以不得與上各以其物同別爲此旌云此翿旌也者據下文士鹿中翿旌也下云君國中射則皮樹中以翿旌獲此不命士與國

君同者士卑不嫌命士以上尊卑自異也云翿亦所以進退衆者此非直用之於獲案喪大記君葬時執翿居前詔傾虧亦所以進退衆人也云七尺曰仞者無正文鄭案書傳云雉長三丈高一丈則牆高一丈禮記祭義云築宮仞有三尺牆高一丈云仞有三尺除三尺之外只有七尺故知七尺曰仞也王肅則依小爾雅四尺曰仞孔君則八尺曰仞所見不同也云鴻鳥之長脰者也者脰則項也云八尺曰尋者亦無正文冬官云車有六等之數云殳長尋有四尺長丈二而云尋有四尺除四尺則尋長八尺矣

凡挾矢於二指之閒橫之二指謂左右手之第二指此以食指將指挾之

疏凡挾至橫之○注二指至挾之○釋曰云二指謂左右手之第二指知左右手皆挾之者以云二指之閒橫之則知左右手也云此以食指將指挾之者以左擘指拓弓右擘指鉤弦故知挾矢以第二第三指閒第二指爲食指左傳云子公之食指動是也第三指爲將指左傳云吳王闔閭傷於將指是也故云食指將指之閒挾之知不在無名指閒者以無名指短與將指不相應故知不是也

司射在司馬之北

疏司射在司馬之北○釋曰經不明言司射與司馬南北相當故明之也

司馬無事不

執弓以不主射故也始射獲而未釋獲復釋獲復用樂行之君子取人以漸疏始射至行之。釋曰始射獲而未釋獲據三耦射時云復釋獲者據第二番射時復用樂行之據第三番射時上射於右於右物射楅長如笴博三寸厚寸有半龍首其中蛇交韋當博廣也兩端爲龍首中央爲蛇身相交也蛇龍君子之類也交者象君子取矢於楅上也直心背之衣曰當以丹韋爲之司馬左右撫矢而乘之分委於當疏楅長至韋當。注博廣至於當。釋曰云蛇龍君子之類也者易云龍戰于野其血玄黃鄭注云聖人喻龍君子喻蛇是蛇龍揔爲君子之類也云直心背之衣曰當者直通身之言其楅兩頭爲龍首於背上通身著當言當心中央也知丹韋爲之者周尚赤上云凡畫者丹質又周禮九旗之帛皆用絳故知此當亦以丹韋爲之云司馬左右撫矢而乘之分委於當者若未分時揔在於當今則四四在一邊不謂分訖乃至於兩當也楅髤橫而奉之南面坐而奠之南北當洗髤赤黑漆也疏楅髤至當

洗。注髤赤黑漆也。釋曰云南面坐而奠之者取向弟子持矢北面故南面奠之云南北當洗者恐南北不知遠近故記言南北當洗南北節也

射者有過則撻之過謂矢揚中人凡射時矢中人當刑之今鄉會衆賢以禮樂勸民而射者中人本意在侯去傷害之心遠是以輕之以扑撻於中庭而已書曰扑作教刑

疏射者至撻之。注過謂至教刑。釋曰云是以輕之以扑撻於中庭而已引書者謂尚書堯典之文彼據教學故彼注云不勤道業則撻之引之者於射時司射搢扑亦是教射法故引證撻犯禮之過者是以尚書亦云侯以明之撻以記之是也

衆賓不與射者不降不以無事亂有事古文與爲豫

疏衆賓至不降。注不以至爲豫。釋曰鄉射不得與射者雖晳侍有存焉三賓已上容其有文無武者許其不射故記者言之也

取誘射之矢者既拾取矢而后兼誘射之乘矢而取之謂反位已禮成乃更進取之不相因也

疏取誘至取之。注謂反至因也。釋曰云不相因者既自拾取已之乘矢反位東西望訖上射乃更向前兼取誘射之矢禮以變爲敬故不相因

賓主人

射則司射擯升降卒射即席而反位卒事擯賓主人升降者皆尊之也不使司馬擯其升降主於射【疏】賓主至卒事○注擯賓至於射○釋曰云不使司馬擯其升降主於射者必以司射決之者以司馬本是司正不主射事司射主射事故使司射也

鹿中髹前足跪鑿背容八筭釋獲者奉之先首前足跪者象教擾之獸受負也【疏】注前足至負也○釋曰服不氏教擾猛獸猛獸不堪受負其有合負物者教擾則屈前足以受負若今騶受負則四足俱屈之類也

大夫降立于堂西以俟射尊大夫不使久列於射位【疏】大夫至俟射○注尊大夫至射位○釋曰謂主人大夫降時賓主先射大夫則立于堂西其耦在司馬之西射位大夫且立於堂西射至乃取其耦共升射

大夫與士射袒纁襦不肉袒殊於耦

耦少退于物下大夫也既發則然

司射釋弓矢視筭與讀釋獲者釋弓矢唯此二事休武主文釋弓矢耳然則擯升降不釋【疏】司射

至弓矢○注唯此至不釋○釋曰此二者經文自其記之者以唯此二事釋欲顯出賓主升降時不釋故言之是以鄭云然則擯升降不釋也

禮射不主皮主皮之射者勝者又射不勝者降

禮射謂以禮樂射也大射賓射燕射是矣不主皮者貴其容體比於禮其節比於樂不待中爲備也言不勝者降則不復升射也主皮者無侯張獸皮而射之主於獲也尚書傳曰戰鬬不可不習故於蒐狩以閑之也閑之者貫之也貫之者習之也凡○祭取餘獲陳於澤然後卿大夫相與射也中者雖不中也取不中者雖中也不取何以然所以貴揖讓之取也而賤勇力之取嚮之取也於囿中勇力之取也今之取也於澤宮揖讓之取也澤習禮之處非所於行禮其射又主中此主皮之射與天子大射張皮侯賓射張五采之侯燕射張獸侯

疏 注禮射至獸侯○釋曰云禮射謂以禮樂射也者射時有禮兼作樂故連樂言之不言鄉射者鄉射用采侯賓射中兼之故不言也云不主皮者貴其容體比於禮其節比於樂者此即九節七節五節應於樂節是也云言不勝者降不復升射也者據主皮射者也禮射二番不勝仍待三番復升射也尚書傳者濟南伏生爲尚書作傳云已祭取餘獲陳於澤然後

鄉大夫相與射也者此則周禮山虞田訖虞人植旗於中置禽焉毋禽擇取三十餘將向國以祭謂若大司馬云仲春祭社仲夏享礿仲秋祀方仲冬享烝已。祭乃以餘獲陳於澤宮中卿大夫士共以主皮之禮射取之云雖不中雖中者據內田時也云非所於。禮者云。云揖讓取即是行禮而云非所於行禮者揖讓雖是禮對大射之等其體比於禮其節比於樂爲非所行禮也云此主皮之射與者書傳不言主皮以義約同故云與以疑之也云天子大射已下者案梓人云張皮侯而棲以鵠則春以功即此鄭云天子大射張皮侯一也梓人又云張五采之侯遠國屬即此鄭云賓射張五采之侯也梓人又云張獸侯以息燕即此鄭云燕射張獸侯也鄭言此者證此是禮射與主皮異也若然天子有澤宮又有射宮二處皆行射禮者澤宮之內有班餘獲射又有試弓習武之射若西郊學中射者行大射之禮張皮侯者是也澤宮中射將欲向射宮先向澤宮中試弓習武之射此習武之射無侯直射甲革椹質故司弓矢職云王弓弧弓以授射甲革椹質而注引圉人職曰射則充椹質是也

主人亦飲于西階上就射爵而飲也已無俊才不可以辭罰

疏 主人至階上○注就射至辭罰○釋曰此謂主人在不勝之黨受罰爵之時也云就射爵而飲也者

謂西楹西豐上射爵也云已無俊才不可以辭罰者以主人尊恐不受罰爵故言此也

獲者之俎折脊脅肺臑。臑若膊骼觳之折以大夫之餘體

疏獲者至肺臑○注臑若至餘體○釋曰上賓主人已用肩臂唯有臑及膊骼觳若脊脅骨多尊卑皆有自臑已下各得其一今鄭具言之欲見科取其一不定以其若無大夫獲者得一臑即經所云者故臑在肺下欲見無大夫已合得若大夫一人大夫得臑獲者得膊若大夫二人獲者即得骼若大夫三人獲者即得觳若大夫公卿更多則折之不得整體或更取餘體也故鄭又云折以大夫之餘體也

東方謂之右个侯以鄉堂爲面也

疏東方謂之右个○注侯以鄉堂爲面也○釋曰以其經直云左右个不辨東西故記人明之也

釋獲者之俎折脊脅肺皆有祭皆皆獲者也祭祭肺也以言肺謂刌肺不離嫌無祭肺

疏釋獲至有祭○注皆皆至祭肺○釋曰云以言肺謂刌肺不離者即經中脊脅肺是切肺與祭肺同也云嫌無祭肺者此明記人之意見上已有刌肺不離者即經中脊脅肺是刌肺與祭肺同嫌更不別有祭肺故言皆有祭肺言皆皆獲者欲見釋獲者與主獲者二者皆別

有祭肺故云皆也若然上肺即舉肺案公食大夫有切肺與
祭肺者優賓使賓祭此二者亦以舉肺爲祭肺者畧賤者之
義是以有司徹侑俎羊切肺一侑豕○俎亦切肺一大夫說
鄭云豕又祭肺不嚌肺不備禮則是畧賤之類也
矢束坐說之明不自尊別也歌騶虞若采蘋皆五終
射無筭謂衆賓繼射者衆賓無數也每一耦射歌五終也疏歌騶至無筭○注謂衆至終也○釋
曰上用騶虞以化民下用采蘋大夫之樂節亦可皆五終者
大夫士皆五節一節一終故云五終也鄭言衆賓無數者謂
堂下衆賓繼射者故無數
若堂上衆賓則三人也古者於旅也語禮成樂備乃可以言語先
王禮樂之道也疾今人慢於禮
樂之盛言語無節故追道古也凡旅不洗敬殺不洗者
不祭不盛既旅士不入後○正禮也既旅則將燕矣士入齒於鄉人疏注士入齒
於鄉人○釋曰以其士立于下故齒於鄉人也大夫後出下鄉人不干其賓主之禮疏大夫
後出○注不干其賓主之禮○釋曰賓主
及衆賓出後乃出故云不干其賓主之禮主人送于門

外再拜拜送大夫尊之也主人送賓還入門揖大夫乃出送拜之

疏主人至再拜○注拜送至拜之○釋曰上文大夫後出是大夫意不干賓主之禮此經主人意故鄭云拜送大夫尊之也知主人送賓還入門揖大夫乃出送拜之者以其上經云賓出主人送于門外再拜此記又云大夫後出主人送于門外再拜故知主人送賓還入門揖大夫乃出送再拜之也

鄉侯上个五尋上个謂最上幅也八尺曰尋上幅用布四丈

疏鄉侯上个五尋○注上个至四丈○釋曰以五尋尋八尺五八四十故四丈也

中十尺方者也用布五丈今官布幅廣二尺二寸旁削一寸考工記曰梓人爲侯廣與崇方謂中也

疏中十尺○注方者至中也○釋曰云方者也謂侯中正方十尺云用布五丈今官布幅廣二尺二寸旁削一寸者鄭意此言十尺用布五幅幅廣二尺二寸兩畔各削一寸爲縫幅各二尺在故五幅爲一丈也漢法幅二尺二寸亦古制存焉故舉以爲況若然周禮鄭志純三只只八寸二尺四寸者據繒幅也士喪禮云亡則以緇長半幅注云半幅一尺終幅二尺亦謂繒而幅二尺者幅有二種喪禮器用其狹者故周禮鄭云凡爲神之衣物必沽而小是也引梓人者彼揔據三侯侯中皆廣與崇方引之證經十尺是

方也

侯道五十弓，弓二寸以爲侯中。言侯中所取數也。量侯道以貍步而云弓者，侯之所取數宜於射器也。正二寸，骰中之博也。今文改弓爲肱也。

疏 侯道至侯中○注言侯至肱也○釋曰：云「言侯中所取數也」者，謂侯中大小取數于侯道。云「量侯道以貍步」者，大射文，故彼云「以貍步張三侯」，是用步耳。而云弓者，六尺爲步，弓之下制六尺，與步相應，而云弓者，侯之所取數宜於射器也，故此經云弓也。云「正二寸」者，骰中之博也者，案《周禮·弓人》云「骰解中有變焉」，謂弓弣把中側骨之處博二寸，故於此處取數焉。

倍中以爲躬，躬，身也，謂中之上下幅也。用布各二丈。

疏 倍中以爲躬○注躬身至二丈○釋曰：身謂中上中下各橫接一幅布者，故鄭云中之上下幅，用布各二丈也。

倍躬以爲左右舌，謂上个也。居兩旁謂之个，左右出謂之舌。

疏 倍躬以爲左右舌○注謂上至之舌○釋曰：言謂上个者，對下个不得倍躬，故謂上个也。云「兩旁謂之个」，在躬之兩傍則謂之个。云「左右出謂之舌」，謂躬外兩相各出一丈，若人舒舌，故下云下舌半上舌，據出者而言也。

下舌半上舌。半者，半其出於躬者也，用布三丈。所以半上舌者，侯人之形類也。上个象臂，下个象足。中人張臂八尺，張足六尺，五八四十，五六三十，以此爲衰也。凡鄉侯用布十六丈，數起侯道五十弓以計，道七十弓之侯用布二十五丈二尺，道九十弓之侯用布三十六丈。注半者至六丈○

疏釋曰：半者，半其出於躬者也者，以其言舌，故知半其出者也。云用布三丈者，上舌兩相各一丈，今下舌兩相各五尺，通躬二丈，故云用布三丈也。云侯人之形類也者，人形上廣下狹故也。云五八四十，據上个四丈；五六三十，據下个三丈，以此上下爲衰差也。云凡鄉侯用布十六丈，數起侯道五十弓以計者，用布十六丈者，中五幅，幅一丈，用布五丈；上下躬各二丈，揔四丈；上个四丈，下个三丈，是揔十六丈也。云道七十弓之侯用布二十五丈二尺者，道七十弓，弓取二寸，二七十四，侯中丈四尺，七幅，幅有丈四尺，中用布九丈八尺；上下躬各用布二丈八尺，上下揔用布五丈六尺；上个倍躬爲五丈六尺；下舌半上舌，上舌出者兩相各出丈四尺，下舌半之，兩相各出七尺，下舌用布一丈四尺，通躬二丈八尺，揔計用布四丈二尺也，通計用布二十五丈二尺。云道九十弓之侯用布三十六丈者，弓取二寸，九十弓，侯中丈八尺，侯中用布九幅，幅別丈八尺，中用布十六丈二尺；倍中以爲躬，上下躬各用布三丈六尺，上下揔七丈二尺；倍躬以爲左右舌，上舌用布亦七丈二尺，下舌亦半上舌上舌出者丈八尺下舌半之則下舌揔用布五丈四尺以此計之揔用布三十六丈也箭籌八十箭篠也籌筭也筭八十者畧以十耦爲正貴全數其時衆寡從賓疏箭籌八十○注箭篠至從賓○釋曰云箭篠也者謂以箭爲籌籌射之耦隨賓多少今言八十舉成數以十耦爲文但一者數之始十者數之終以十耦爲成數也長尺有握握素握本所持處也素謂刊之也刊本一膚疏長尺有握握素○注握本至一膚○釋曰云長尺復云有握則握在一尺之外則此籌尺四寸矣云刊本一膚者公羊傳僖三十一年云觸石而出膚寸而合不崇朝而徧雨乎天下者惟泰山爾何休云側手爲膚又投壺云室中五扶注云鋪四指曰扶一指案寸皆謂布四指一指一寸四指則四寸引之者證握膚爲一謂刊四寸也楚扑長如笴刊本尺刊其所持處君射則爲下射上射退于物一笴既發則荅君而俟荅對也此以下雜記也今文君射則爲下君樂作而后就物君袒朱襦以射君尊小臣以巾執矢以

授君尊不搢矢不挾矢授之稍屬若飲君如燕則夾爵謂君在不勝之黨也賓飲君如燕賓媵觚于公之禮則夾爵夾爵者君既卒爵復自酌君國中。射則皮樹中以翿旌獲白羽與朱羽糅國中城中也謂燕射也皮樹獸名以翿旌獲尚文德也今文皮樹繁豎糅爲縮古文無以

疏以翿旌獲○注國中至無以○釋曰知城中是燕射者以其下有賓射大射不在國故國中是燕射以其燕在寢故也云以翿旌獲尚文德也者以其燕主歡心故旌從不命之士亦取尚文德之義必知取尚文德者以其以文德者舞文舞羽舞也以武德者舞武舞干舞也此既用羽知取尚文德也

於郊則閭中以旌獲於郊謂大射也大射於大學王制曰小學在公宮之左大學在郊閭獸名如驢一角或曰如驢歧蹄周書曰北唐以閭析羽爲旌

疏於郊至旌獲○注於郊至爲旌○釋曰知於郊謂大射也者案大射云公入驁從外來入此既言於郊故知大射在郊也云大射於大學者據諸侯而言也天子大射在虞庠小。學。以其天子大學在國中小學在郊諸侯不得立大學在國立大學在郊故鄭引王制小學在公宮之左大學在

郊是殷法諸侯用焉故引爲證必知諸侯立大學在郊者見詩魯頌有頖宮禮記云故魯人將有事於上帝必先有事於頖宮鄭云頖宮郊之學也則詩泮宮此郊學是也云閭獸名如驢一角或曰如驢歧蹄周書曰北唐以閭者歧蹄巳上山海經文周書見於國語也

於竟則虎中。龍旜於竟謂與鄉國君射也畫龍於旜尚文章也通帛爲旜

疏於竟則虎中龍旜○注於竟至爲旜○釋曰與鄉國君射則賓射也以其君有送賓之事因送則射云尚文章也者亦若翿旌也云通帛爲旜司常文鄭注云凡九旗之帛皆用絳則通帛者正幅爲絳長尋曰旐繫旐曰旃通體皆用絳帛爲之名旜

大夫兕中。各以其物獲兕獸名似牛一角

疏大夫至物獲○注兕獸名似牛一角○釋曰下有士則此專據大夫大夫爲文而云各以其物者公侯伯大夫再命子男之大夫一命爲鄉大夫列數雖同旒依命數不同故云各又下云士翿旌以獲唯小國之州長不命者則公侯之州長一命有旌亦入物中則各內兼之矣故云各兕似牛一角案爾雅及山海經知之

士鹿中。翿旌以獲謂小國之州長也用翿爲旌以獲無物也古文無以獲

唯君有射于國中其餘

否臣不習武事於君側也古文有作又今文無其餘否疏雖君至餘否○注臣不至餘否○釋曰天子諸侯皆燕射在國又天子賓射在朝亦在國大夫士燕射賓射不在國大夫又得行大射雖無郊學亦不得在國是以孔子爲鄉射射於矍相之圃是其一隅若然此鄉射亦不在國射亦宜在國外故記人於此見之也君在大夫射則肉袒不袒薰襦厭於君也今文無射疏君在至肉袒○注不袒至於君○釋曰上云大夫與士射袒纁襦今與君射爲厭與士同故肉袒也

儀禮卷第五 經六千六百四十五 注六千九百十五

儀禮疏卷第十三

大清嘉慶二十年
用文選樓藏本校

江西督糧道王賡言廣豐縣知縣阿應鱗栞

儀禮注疏卷十三校勘記　　阮元撰盧宣旬摘錄

司正降復位

司正當監旅酬訖　當陳閩通解俱作掌監本要義毛本俱作當

舉觶者退○賓與大夫坐反奠于其所　夫下石經徐本要義楊氏敖氏俱有坐字通解毛本無

司正升自西階

至此盛禮以成　徐本通解同毛本以作已

日莫人倦　通解此下有齊莊正齊而不敢懈惰九字要義亦無

主人取俎

歸入於內也　入陳閩俱作人

衆賓皆降立

亦如賓主人大夫將揖　要義同毛本如作知

主人以賓揖讓

彼謂升席時　毛本時誤作者

則尊者說屨在戶內　毛本屨誤作履

自餘說屨於戶外　陳本要義同毛本自作其

此乃鄉飲酒臣禮　浦鏜改乃爲及

賓主人行敵禮　敵陳本作敬

無算爵

以正獻酬時　要義同毛本正作上

而錯

迭飲於坐而已　按宋本釋文出迭於二字疑誤今本釋文作迭飲

禮殺也者　浦鏜云禮下脫文字

辯卒受者與

衆賓之末　末徐葛俱作未似誤下兩末字徐亦俱作未葛本其末仍作未

不以巳尊孤人也　孤徐葛陳閩通解楊氏俱作孤毛本作於

不以巳尊孤人也者　孤陳閩要義俱作孤毛本作於

必知復位者　毛本復誤作後

受酬者

進受尊者之酬　徐本楊氏同毛本通解進作雖

辯旅

故鄭偏言主人之贊者　偏陳閩皆作徧按作偏爲是

無算樂

任賓主所好也　任要義作在

主人釋服

卽朝服之下　下一本改作衣

使人速

還司正爲擯也　毛本擯作賓

以告于鄉先生

謂老人教學者　毛本作謂鄉中致仕者○按鄉飲酒禮注作鄉中致仕

尊綌冪（冪釋文宋本作鼏）

則撤可（撤要義俱作徹與周禮冪人注合毛本作撒）

則未命之前（陳閩通解要義同毛本則作列）

蒲筵

唯一種（要義同毛本唯下有此字）

然其言之（毛本其作共）

取相承藉之義耳（毛本取相誤倒）

西序之席

衆賓之席（通解要義同毛本席作序）

獻用爵（通解句首有凡字）

薦脯

膱猶脡也　膱陳本作職○按釋文曰膱音職若以鄉飲記音義正之此膱乃樴之誤

鄭注周禮醢人云　毛本周下有禮字此本脫

雜以粱麴　粱陳閩俱作梁

橫祭半膱橫上　膱誤作脯橫上蒲鏜改作于上

俎由東壁

上云亨于堂　毛本亨誤作享

賓俎曰載　陳閩通解同毛本曰載作由在監本作由載

凡矦

則經獸矦是也　徐本通解楊氏俱無此句按此乃疏文誤入

皆謂采其地　毛本地誤作也

不忘上下相犯　徐本通典聶氏通解同毛本下作不朱子曰疏解忘爲苟然則乃妄字也○按疏云不苟相從輒當犯顔而諫正是不忘相犯之意似非妄字又按禮記射義疏引作上下相犯

又非私相燕勞　毛本勞誤作射

於此鄉記也　浦鏜云鄉下疑脫射字

象於正鵠之處耳者　毛本於作其

則三分其侯　毛本三作參

不忘上下相犯者　下陳閩俱作不誤也

三者皆猛獸　毛本三誤作二

各以其色明畫　陳閩俱無明字

凡畫者

此獸侯也　陳本通解同毛本獸作燕

射自楹閒　毛本閒誤作間

中央東西節也者　要義同毛本西下有之字○按注有之字凡疏述注語閒有增損不必悉依原文

而弗忘孝也　毛本而弗誤作面不

凡適堂西○遂西取弓矢　唐石經徐葛陳閩通解楊氏敖氏俱作遂毛本遂作送

旌各以其物

無物

射於謝於序　陳閩俱無於序二字

糅雜也　徐本敖氏同毛本通解楊氏糅下俱有者字

杠橦也　毛本杠誤从手

韜爲翿　翿閩監俱作縚

故知七尺曰仞也　陳閩俱無故知七尺四字毛本有

始射

據第二番射時　二陳閩通解俱作一

楅髤橫而拳之　拳釋文唐石經徐本俱作拳通解楊氏敖氏毛本俱作奉朱子曰拳當作奉字之誤也陸氏音拳亦非是石經考文提要云拳訓曲言制楅之法漆而橫曲之其蛇交之處著地龍首尾拳曲向上更設韋當於其背與上蛇交韋當文義相屬非設楅時兩手奉之也釋文明注拳音權通解但云拳當作奉而注仍作拳不改字○按朱子曰拳當作奉則未嘗改經也毛本通解經文竟作奉邪於疏末綴楅橫而拳之五字疑非朱子原文

鹿中髹

猛獸不堪受負　毛本猛獸二字不重出

大夫與士射袒薫襦　唐石經徐本通解楊氏敖氏同毛本薫作纁按宋本釋文亦作薫前有司請射疏亦引作薫據士冠禮纁裳注云今文纁皆作熏則此薫字當爲熏

禮射不主皮

不待中爲備也　徐本要義同毛本備作雋○按備蓋雋字之誤

凡祭取餘獲陳於澤　凡要義作巳取上有則字○按段玉裁云射義天子將祭必先習射於澤下文又云射中者得與於祭不中者不得與於祭是射澤必在祭之先況禽待祭後而班則委積日久巳字非也許宗彥云苟非巳祭何稱餘乎當作巳

鄉之取也　鄉釋文作鄕

不言鄉射者　通解同毛本不作下

賓射中兼之　射陳閩俱作燕

仍待三番復升射也　通解要義毛本三作後○按後番即三番也如諸本則在三番後矣恐非

巳祭　要義同毛本巳作凡段玉裁云此巳字乃賈誤解

云非所於禮者云云　毛本禮上有行字云字不重要義悉與毛本同

天子大射張皮侯一也　要義同毛本無一字

獲者之俎折脊脅肺　毛本肺下有臑字敖氏刪臑字其正誤曰今本肺下有臑字繼公謂臑在肺下大射非其次且與折文不合蓋傳寫者因注首言臑而衍也大射注引此無臑字今據以刪之周學健云臑在折中不應又出臑字但賈疏自作有臑字解故仍其舊而加圈別之○按此與鄉飲酒介俎脫字同意皆以用體無常故立文不定且此

文變例臑在肺下其意尤明故鄉飲酒脁字尚可刪而此經臑字不可去又大射注云鄉折俎用脊脅臑折肺與此正同明無衍字

則折之不得整體　陳閩監本同毛本整作正

東方

俟以鄉堂爲面也　毛本堂誤作黨

釋獲者之俎

侑豕俎亦切肺一　此本誤倒俎豕爲豕俎按毛本是

古者於旅也語

禮成樂備　諸本俱作種成樂僃唯徐本同此

既旅

後正禮也徐本同毛本通解後作從

主人送于門外

大夫乃出送拜之毛本送拜誤倒

中十尺

考工記曰毛本工誤作功

云用布五丈毛本丈誤作尺

純三只只八寸要義同毛本只作尺○按咫與只古字通只八寸鄭康成荅趙商語見天官內宰及聘禮疏

亡則以緇長半幅毛本亡作云緇作縉陳本要義同作帪緇按作緇與士喪禮原文合

必沽而小毛本沽誤作治

侯道五十弓

宜於躬器也徐本同毛本於躬作用射聶氏通解楊氏俱作於射

弓之下制毛本下誤作古

倍中以爲躬

身謂中上中下中下陳閩俱作下中

下舌半上舌

半其出于射者也徐本同毛本射作躬

箭籌八十

箭篠也毛本篠誤從竹

筭八十者徐本楊氏同毛本筭作籌

其時衆寡從賓寡字毛本作賓徐本通典通解俱作寡

以十耦爲文要義同毛本文作云陳閩俱作正

長尺有握

刊本一膚毛本一下有作字徐本通解楊氏俱無與此本標目及述注合通典作刊本一云膚敖氏作刊一本膚許宗彦云此猶云刊去四寸耳與下經文刊本尺義同禮作扶鄭用公羊膚字故疏述公羊而曰引之者證握膚爲一也

楚扑

刊其可持處可通典作所

君國中射

今文皮樹繁豎徐本同毛本樹下有爲字豎作竪通解兩見二十一卷有爲字二十卷無爲字竪俱

從豆

不在國 聶氏要義同毛本國下有中字

於郊

如驢 通典作大於驢

歧蹄 陳本通解同徐閩監本毛本歧作岐按釋文宋本亦作歧是俗字

公入鷔 各本俱誤鷔爲鶩

在虞庠小學 陳閩俱無小學二字

於竟則虎中龍旜 中下通典有以字

大夫兕中

刃數雖同旒依命數不同 毛本刃作其旒作旐按刃即仞字前云旌各以其物疏言

大夫五仞士三仞不同故云各也此經專據大夫爲文故仞數同而公侯伯之大夫與子男之大夫命數不同故其旂異

士鹿中翿旌以獲　七字唐石經徐本通典通解楊氏敖氏俱有毛本脫

謂小國之州長也用翿爲旌以獲無物也古文無以獲　十二字毛本俱脫徐本通解俱有通典引謂小至無物十五字盧文弨云疏無可考○按此本此節無疏

唯君有射于國中

是其一隅　陳本要義同毛本隅作耦

此鄉射亦不在國射　此閩本誤作比下射字毛本作中要義作射

君在

不袒薰襦　毛本薰作纁襦作繻徐陳閩監通解俱從衣要義從糸按要義載疏亦從衣則從糸者誤也

儀禮注疏卷十三挍勘記終

奉新余成教挍

傳古樓景印